汉字真有趣

煮文烹字

孙述庆 —— 著

时代出版传媒股份有限公司
安徽文艺出版社

图书在版编目（ＣＩＰ）数据

煮文烹字 / 孙述庆著. -- 合肥 ： 安徽文艺出版社，
2025. 1. -- ISBN 978-7-5396-8118-4

Ⅰ. H12-49

中国国家版本馆 CIP 数据核字第 2024U5W519 号

煮文烹字
ZHU WEN PENG ZI

出 版 人：姚 巍　　　　　　　统 　筹：周 康
责任编辑：宋潇婧　胡 莉　　　封面设计：李 超

....

出版发行：安徽文艺出版社　www.awpub.com
地　　址：合肥市翡翠路 1118 号　邮政编码：230071
营 销 部：(0551)63533889
印　　制：永清县晔盛亚胶印有限公司　(0316)6658662

....

开本：700×1000　1/16　印张：16　字数：170 千字
版次：2025 年 1 月第 1 版
印次：2025 年 1 月第 1 次印刷
定价：79.80 元

....

写在前面

这是一套认真严谨的书,是一套内容丰富的书,是一套颇为实用的书,是一套很有趣味的书。可以说,它集知识性、思想性、工具性、趣味性于一身,多功能是它的显著特色。

出版这套书的本意,是普及中国字文化。普及,是本书的宗旨和灵魂。作者从浩繁的典籍中撷取了一个个有据可查的典故,一个个精彩纷呈的人文故事,每个故事都与文字相关,而其折射的却是中国几千年风云激荡的时代脉络。

这套书沿着中国历史的纵向,探究汉字所生发的种种文化课题,像一面镜子,折射和观照着中华民族的大文化。这样一种探究,可大体廓清传统文化的优点与弊端,为进一步继承优秀传统文化,发扬先进文化助力。只有民族的,才是世界的,只有让中国的优秀传统文化在普及中走出去,才能让世界真正了解中国。

本书作者是我国一位有一定影响力的科普作家、文化学者,他为科学文化普及事业贡献了毕生的精力。按作者所言,他在写作中阅读,在阅读中发现,从而进行更新的写作。企盼读者亦在阅读中有所发现,有所收获。

润物细无声

——爷爷著书我们写序

爷爷撰写的这套关于字文化的书，我们照例成了第一读者。

中华传统文化博大精深，积淀着中华民族最深厚的精神追求，值得每一个中国人学习和传承。正如爷爷所言："能利用自己这么多年所积累的知识，为普及中华字文化尽一点微薄之力，趁精力尚可，尽快写出这套书，既满足了社会的需要，也是我的心愿。"他认为"撰写高质量的文化普及读物，不是件容易的事，要有耐心和学识，才能做到深入浅出，更要有对社会负责任的精神"。爷爷为提高这套书的质量不遗余力，把它当学问来做。他谈及治学心得，强调最多的是"会通"两个字。他认为会通精神是中华文化的一大特色，应该把思想与文化会通起来，把理论与现实会通起来，把古代与现代会通起来，让优秀的文化传统得以传承、融会而贯通。

"汉字"是这套书的关键词，"说文解字"是其内核，如何运用汉字文化写出好文章,直至对"文字游戏"得心应手,都是书中的重要内容。这套书文字通俗简约,有话则长,无话则短,熔知识性、学术性、工具性、趣味性于一炉。爷爷以下里巴人之语,成阳春白雪之作,可以不夸张地说,这套书很精彩,令我们爱不释手。读完这套书,我们自然而然地认识到"汉字"确乎是中华文化的基因,确乎是中华文化的基石。这套书吸纳了我国传统文化的大量元素,"汉字"这根贯穿始终的红线,将大量的知识片断织成一个完整体系。读了这套书,就能在快乐中得到传统文化的滋养。

这是一套用心血写成的书。爷爷动手写这套书很有些时日了,他"退"而不"休",虽已过耄耋之年,但精神矍铄,多年如一日,除生病卧床,每天坚持写作,似乎忘记了疲倦。"岁岁重阳,今又重阳,战地黄花分外香。"他做事认真,处世低调,不喜饭局,心态积极,笔耕不辍,乐在其中。他为何能乐此不疲?爷爷笑答:因为兴趣。他多年来早起晚睡,挑灯夜战,为了弄清一个典故、一个人文故事、一个历史事件、一首诗词、一副对联或者一则谜语,总是不厌其烦地多方查找资料。资料不详尽时就奔书店、跑图书馆。老人家的钻劲,实在令我们感动。

爷爷大半生从事文字工作,一生清贫,一生爱书如命,宁可省吃俭用也要买书,以"坐拥书城"为乐。因为阅读与治学的兴趣,又基于写作的需要,他藏书颇丰。他勤于偷闲读书,业余写作就是从阅读中起步的,他创作的科学普及、文化普及作品颇为丰富,我们总有幸第一时间阅读。我们从小受到爷爷的熏陶,所获学养如春雨一般,"随风潜入夜,润物细无声"。

历史上和现实中，"父文子序"的事并不鲜见，有的还成美谈。例如，《天雨流芳：中国艺术二十二讲》是一部很有品位的著作，作者是李霖灿老先生，该书的序言就是他的儿子李在忠先生所作。序中写道："虽因'父文子序'，有些许惶恐，但细想之后亦颇有'指穷于为薪，火传也，不知其尽也'之意，沛然于胸的反是一片孺慕之思，感言之怀。"透过李在忠先生的"孺慕之思"，儿子对父亲的感恩之情一览无遗。受此启发，我们不畏惶恐，也很想尝试"爷文孙序"的乐趣，薪火相传，以表达我们的"孺慕之思"，那就是孙辈对爷爷的仰慕之心、敬爱之情。

奕茗　娅雯　仝异　柏楠
2020 年 10 月

第一章

精心烹煮好文章

汉字，是汉语的记录符号。古人所说的"结字成篇"，就是用汉字写出作品，亦即文章也。通俗而言，文章无不是调遣汉字"烹煮"出来的。

说是"烹煮"，只不过是一种比喻罢了，喻指文字乃精神食粮。好文章无疑更是一种美味，供读者享受，可以颐养身心。

文字作品，何以叫作"文章"呢？上古时候，"文"和"章"指的都是带有颜色的条纹图案，红蓝相间的叫"文"，红白相间的叫"章"。那时候，"文""章"二字连用，指色彩斑斓的图画。到了汉朝，诗赋大兴，社会上崇尚文学的风气很浓，人们开始用"文章"来赞美那些文采华丽的作品。那时说某人的作品"焕若文章"，意思是作品像艳丽夺目的图画那样美好，这简直就是最高的褒奖了。这个比喻用得多了，久而久之，"文章"二字就变成文字作品的代名词。如今，一切文字作品都泛称"文章"了。

第一节　好文章应既好看又"好吃"

好文章该是既好看又"好吃"的东西！这样的喻说，是新中国成立之初毛泽东主席出访苏联时，在与苏联领导人交流时这么说的。

斯大林对毛泽东说："您这次远道而来,不能空手回去,咱们要不要搞个什么东西?"

毛泽东说："恐怕是要经过双方协商搞个什么东西,这个东西应该既好看又'好吃'。"

这个"既好看又'好吃'"的东西,也就是签订一个双方都满意的书面文字协定。历史证明,中苏双方随后签订的《中苏友好互助同盟条约》,确是一篇大文章!

我们心目中的好文章,就应该既好看又"好吃"。中华文化中有大量精美的诗词歌赋,它们异彩纷呈,灿若星河,浩如烟海,抒发人间至情,表达深远的意境,体现独特的音韵格律,给人们以美的享受,是文学宝库中的璀璨明珠。因此,它们具有强大的生命力,繁衍嬗变,代代相传,历经数千年而不衰。古人传下来的智慧之言,经过智者、高人的巧妙提炼和发展,更加触动心灵。读古知今,珠玑遍拾,我们可以从中汲取鲜活的智慧营养,从而在学习中完成传承和发展,写出好文章来。

好文章的衡量

什么样的文章才算好? 前人早有不少妙喻可以作答。清朝著名文人郑板桥有"诗书画三绝"之誉称,他认为,好文章应该像"删繁就简三秋树,领异标新二月花";始创"性灵文学"的才子袁枚认为,好文章应该像"出水芙蓉,天然可爱";大戏剧家李渔认为,好文章应该像"犬夜鸡晨,鸣乎其所当鸣,默乎其所不得不默";北宋大文豪苏东坡则认为,好文章"大略如行云流水初无定质,但常行于所当行,常止于所不可不止"……

汉语中最重要的词是名词和动词,它们是语言的骨骼。一篇文章的语言虚浮臃肿,说了半天也说不到点子上,主要原因是形容词之类的词用多了。语句像人体一样,干练才有线条。无论哪一种文体都是简洁而后生动,质朴而后华丽。

文章究竟好不好,通常有三条标准:首先,面向现实,社会影响大,能引起读者共鸣,妇孺皆知,中外闻名;其次,思想水平高,艺术性强,不论是内容、体裁还是结构,都独出机杼,不落俗套,也就是说作品有原创性,独具匠心;再次,作品具有永恒的价值,即便时过境迁,而作品不朽,能世代流传。例如思想文论《论语》、兵书《孙子兵法》、诗歌《将进酒》、词《赤壁怀古》、小说《红楼梦》等,都是不同时期的杰作。

美文来之不易

美文是作者的心血,故来之不易。刘鹗在《老残游记·自序》中说:"《离骚》为屈大夫之哭泣,《庄子》为蒙叟之哭泣,《史记》为太史公之哭泣,《草堂诗集》为杜工部之哭泣,李后主以词哭,八大山人以画哭,王实甫寄哭泣于《西厢》,曹雪芹寄哭泣于《红楼梦》。"曹雪芹的自题诗这样说:"字字看来皆是血,十年辛苦不寻常。"王国维也在《人间词话》里说:"后主之词,真所谓以血书者也。"可见,这些好作品中作者的心血"皆沛然如肺肝中流出",故能千古传诵,影响深远。

真正好的作品，绝非一早上就能写出来的，它需要潜心摸索，博采众长，在反复吟咏和推敲中积累沉淀，提炼升华。那些急功近利而写就的东西，只能是过眼云烟。因此，一篇好文章、一部好书，都是在耐心坚持中打磨得来的。司马迁写《史记》，用了15年；班固写《汉书》，耗去了20个春秋；许慎写《说文解字》，用了20多年；王充写《论衡》，竟花了30多年。没有如此恒心和耐心，不可能创作出为世人所公认的精品力作。

发扬好的文风

　　民风是一代代积淀而成的老百姓过日子的方式，但文风的基础不在民间，很大程度上是由"官样文章"推动而成的。一个时代的文风是奢华还是质朴，基本"归功"于政府的文书和文件。从前，皇帝的诏书和政府文件多为短制，长篇大论很少，其中一个很重要的原因，它们是由大臣们手写，不能由秘书代笔。纸张发明前的简牍时代，书写介质甚为局限，所以言简意赅地用文言文表达是历史的必然。

　　中国历史上的文风，时有改革，唐朝的古文运动就是一次重大的文风改革。其初衷并不在文学意义上，而是针对当时公文的流行习气，主张去掉魏晋南北朝以来的骈文腔调。这种骈文讲究辞藻铺排，华而不实，已为当时人们所厌烦，所以倡行先秦两汉简朴的文风，倡导"言必近真""不尚雕彩""文采不宜伤叙事"。这些主张，在今天看来，仍有那么一点切中时弊的意思。

　　总而言之，好的文风应该注意以下四点：

一、真实性

唐宋八大家之一的柳宗元,在论述写文章和评论政事的时候说过一句名言:"言而无实,罪也。"这句话的意思就是为文或发表政见,都必须以事实为根据。说不符合事实的假话、大话,都是罪过。

真实性是一切文字工作者必须遵循的神圣原则。无论是写文章,还是发言、作报告,首先必须尊重事实。否则,一切无从谈起。诚恳对人,诚实做事,说真话,不说谎,不吹牛,不文过饰非,这是做人的根本,也是改进文风的首要前提。

二、思想性

清朝桐城派著名学者姚鼐曾说过,写文章"要义理(思想)、考据(论证)、辞章(文采)三者兼而有之",其中思想是第一位的。一篇不朽的传世之作,关键不是有华丽的文字,而是内含深刻的思想。范仲淹的《岳阳楼记》,写景抒情,文字优美,无疑是上乘作品,然而使其传至后世而不朽的,是文中"先天下之忧而忧,后天下之乐而乐"的光辉思想。

清朝顾炎武说:"《宋史》言,刘忠肃每戒子弟曰:'士当以器识为先。一命为文人,无足观矣。'仆自一读此言,便绝应酬文字,所以养其器识而不堕于文人也。"顾氏一生得益于此。所谓"先器识而后文字",就是强调自身修养。有远见卓识,才有发现与创见,不致沦为码字工具。

三、创新性

文章贵在有新意,即给人以具有启迪性的新思想、具有说服力的新论证。改进文风，切不可跟在别人后面走老路，说老调。没有新意，就没有吸引人的魅力。说到底，要解放思想，勇于创新。

古人说过，写文章或议政，"唯陈言之务去"。所谓"陈言务去"，即别人已经说了千百遍的陈词滥调，务必抛弃。而言简意赅，不说空话、套话，才是写文章的基本要求。

四、简约性

文章不宜冗长，要求简短，提倡长话短说，少说废话。没有多少意义的话，就是废话。人不能不说话，不过废话是可以少说的。做文章更忌废话，故废话不写为上。当然，写文章、讲话的长短取决于内容和实际需要，当长则长，该短则短，可长可短的，还是短些为好。文章一定要浓缩而精练，"句有可削，足见其疏；字不得减，乃知其密"，这个创作原理，我们要牢牢记住。

生活是好文章的源泉

欲使作品"好吃"、好看，因素很多，最关键的还是作者的生活历练。生活是写作的源泉，先贤们在这一点上有丰富的经验可以借鉴。

北宋大文学家苏东坡曾到王安石家里拜访。王安石不仅是政治家，还是文学家，苏东坡在书房里看到书桌上有王安石写的一首未完稿的《咏菊》诗，其中有这样两句：

西风昨夜过园林，

吹落黄花满地金。

苏东坡看了不禁哑然失笑。他暗想：秋天的黄花就是菊花，它最耐风霜，直到花儿干枯仍悬挂枝头，花瓣不落，怎么会吹落遍地金呢？于是，他稍加思索，便提笔续写了两句：

秋花不比春花落，
说与诗人仔细吟。

当天，王安石回到家，看到书桌上的诗稿，未作什么表示。后来，苏东坡被派到黄州做官，有一次到园中赏菊，秋风扫过，果然见黄花瓣瓣飘落，满地铺金。苏东坡恍然大悟，原来这里的菊花与别处不同。王安石的诗句并非写错，而是自己缺乏生活经验，只知其一，不知其二呀！看来，王安石作为宰相是有意让苏东坡来黄州体验生活的，兴许包含着婉转的批评哩！

古人早就有言："巧妇难为无米之炊。"如果没有真实的生活素材，是不可能写出优秀作品的。素材需要积累，就是要有计划、有目的地在现实生活中搜集有意义的人和事物，以及在语言、技巧等方面有用的东西。哪些才是有用的呢？美好、艰辛的生活与独特的内心感受，往往是最能打动别人的素材。"生活中不是没有美，而是缺乏发现美的眼睛。"这是法国伟大的艺术家罗丹的一句名言，对我们在写作中积累生活素材同样有着重要的启迪。

生活是智慧的源泉,更是写作的源泉,智慧之泉可以浇开作品之花。2014年在北京召开的文艺工作座谈会,就号召作家和文化人要下基层,深入生活,从炕头、田头走进百姓的心头。

第二节　从拟题开始

自古以来,作文无不是就题发挥,无题便无从写起。题又谓之题目,可见有了题,眼睛就亮了,有了撰写的目标;有了题,便可搜集要写的素材,即具体描写文化、历史、科技的事件和现象,亦即构成文学艺术或其他作品的材料,这就是常说的题材。

中国有个"小题大做"的成语,是说题目很小,却大做文章,比喻把小事当作大事来做。此外,又有"文不对题""离题万里"的成语,这更说明题目对文章的重要指导作用。

作文前必先拟题。拟是个动词,有设计、起草、模仿、比较、猜测、假设等意思。拟题,就是在写文章之前,一定要构思、设计一个题目。其实,拟题就是立意,千古文章意在先,文章立意好,才能写得好。具体而言,"立意好"是指立意合乎客观事物的本质和规律,观点要正确,情趣要健康,思想要积极向上。这些要素都必须集中体现在文章题目上,要有一定的新意,防止人云亦云、肤浅和低俗。

拟题有时又叫命题,这有他人给予的意思,即由他人出题目,按命题作文。中国历史上的科举、近现代的语文考试,无不要求考生写作命题文章。现今一年一度的高考作文,仍不例外。

1932 年,清华大学招生,专请国学大师陈寅恪先生出考题,陈先生拟了一道试题"对对子",上联是"孙行者"三字,让考生对下联。除此之外,先生另拟了一道作文题《梦游清华园记》。他在《与刘叔雅论国文试题书》附记中解释何以出了这样一道题目,他说:

> 曾游清华园者,可以写实;未游清华园者,可以想象……若应试者不被录取,则成一游园惊梦也。一笑。

所谓"游园惊梦",乃昆曲名剧《牡丹亭》中的一折戏,写的是杜丽娘梦中与书生柳梦梅在后花园约会,被她母亲的呼唤声惊醒的故事。陈先生将清华园比作后花园,将考生未被录取比作"游园惊梦",真是绝妙的比喻,无比幽默,难怪陈寅恪先生自己也为之一笑。

不过,当下各类网络平台上,不时会有标题夸张的文章链接,标题用字诱人,一惊一乍,而点击进入则严重名实不副、文不对题,甚至造谣生事。如此触目惊心的"标题党",已成为互联网生态健康发展的一种病害。我们坚决反对"标题党",需要的是严肃的拟题。

第三节　下功夫遣词

词,是语言里能够独立运用的最小单位。句子的主要成分就是词。也就是说,文章的写法应从词语的选、用开始。对此,古人叫遣词,就是像元帅运筹帷幄、调兵遣将一样,要深谋远虑。我们强调下功夫遣词,就是刻苦修炼的意思。

遣词是创作上的真功夫,古往今来的文人都很重视。汉朝的严光,字子陵,会稽余姚(今浙江省余姚市)人,是汉武帝刘秀的同学。刘秀登基后,赐严光以官职,而严光辞官不就,归隐富春江,其风骨为后人的楷模。宋朝范仲淹很敬佩严光的为人,当他被贬为越州(今浙江省绍兴市)太守时,因余姚是他的属县,便下令为严光修建祠堂,并亲自撰写《严先生祠堂记》。该篇文章不乏颂扬之词,结尾更是唱叹有致:

云山苍苍,
江水泱泱,
先生之德,
山高水长。

这段短歌,辞藻秀美,气势宏大,然而,当时的布衣学者李觏却不以为然,他认为第三句的"德"字太露,不够含蓄,与前两句的"云山""江水"很不协调,如果改用"风"字就好了。"风"是多义字,本义为自然界的风,也可释作"作风""风骨""风范""风流",与"云山""江水"很是和谐相配,富有含蓄的赞美之意。范仲淹斟酌再三,也觉得用"风"好,便高兴地采纳了,后世无不赞美。这说明写文章要善于下功夫遣词。调遣得当,便可以一当十。

第四节　按规矩造句

造句,关系到语法(也叫文法),即语言中字词结构的法则,是汉语必须遵循的法定规矩。它既是句法,也是词法。造句的语法,是人的思维的重要成果,具有一定的民族特点和相当的稳定性。如何自觉而有意识地领略汉语言文字的无穷魅力、强大表现力和神奇韵味,进而感受作者遣词造句的精当、表情达意的美妙,并透过语言文字窥见其思想、领悟其精髓呢?认真学点儿实用语法是不可或缺的一种重要途径。

遣词为的是造句。写文章,功夫就在于造句。构建各种格式的句子,是由语法的形式和范畴决定的。而不同格式的句子,由于结构不同、语气不同,表达的效果就随之而异。因此,应该选用哪一种格式的句子才最合乎所写文章的需要,从而准确地表达自己的思想感情,并有力地感染读者,这是修辞方面的学问。下面我们重点谈一下整句和散句。

语句是各式各样的,有长有短,有复杂有简单,一般是交错使用的。但是,有时也连续使用结构相同或形式相似的句子,例如"要高山低头,叫河水让路""天不怕,地不怕"。类似的句子整齐划一,故称为整句。反之,各种各样的句子混用,不整齐,很散乱,就是散句。整句通常又有对偶、排比等种类。

所谓对偶句,是指字数相等、结构相同、意义相对或相关的句子。近体诗里常用对偶的句子,列举几例:

前不见古人，后不见来者。

独坐悲双鬓，空堂欲二更。

白发终难变，黄金不可成。

白日依山尽，黄河入海流。

两个黄鹂鸣翠柳，一行白鹭上青天。

饮马早闻临渭北，射雕今欲过山东。

现代诗歌和散文里，也常常有运用对偶的句子，只不过不像近体诗里那么严格。对偶的语句用得自然，可令读者感到形式整齐、韵律和美。

所谓排比句，是将结构相同或相似、意义密切相关的一些句子或词组排列成串组成的句子。排比句要比对偶句灵活，各个句子只要大致整齐、匀称就可以了。例如：

> 受到表彰的全国道德模范，他们的事迹是那样地感人，他们的品德是那样地高尚，他们的意志是那样地坚定，他们的胸怀是那样地宽广，他们的心地是那样地充满大爱！
>
> 晨练的广场上非常热闹：有的人在打太极拳，有的人在抖空竹，有的人在踢毽子，有的人在玩单双杠，有的人在跳交谊舞……

撰写文章时，把几个密切关联的内容一连串地排列出来，依此遣词造句,使意思融会贯通,气势充沛,给人以深刻的印象。

名著里的经典语句

中国传统文化典籍之所以经典,当然是因为思想深刻、语句精彩。古人说话多"之乎者也",在现代人看来,似乎晦涩难懂,其实不尽然。中国古代四大文学名著的故事情节引人入胜,语句也是精彩纷呈。许多经典名句脍炙人口、广为流传,就是因为作者下了大功夫造句,用字、用词反复推敲,千锤百炼。

一、《西游记》名句选读

不看僧面看佛面。

海阔凭鱼跃,天高任鸟飞。

善恶若无报,乾坤必有私。

要知山下路,须问去来人。

人心生一念,天地尽皆知。

山高自有客行路,水深自有渡船人。

一叶浮萍归大海,人生何处不相逢。

二、《红楼梦》名句选读

世事洞明皆学问,人情练达即文章。

孤标傲世偕谁隐,一样花开为底迟?

机关算尽太聪明,反误了卿卿性命。

烟凝媚色春前萎，霜渲微红雪后开。

假作真时真亦假，无为有处有还无。

痴心父母古来多，孝顺子孙谁见了？

三、《水浒传》名句选读

人无刚骨，安身不牢。

送君千里，终须一别。

人无千日好，花无百日红。

此处不留人，休言留人处。

酒不醉人人自醉，花不迷人人自迷。

四、《三国演义》名句选读

养军千日，用军一时。

人中吕布，马中赤兔。

三军易得，一将难求。

淡泊以明志，宁静而致远。

良禽择木而栖，贤臣择主而事。

良药苦口利于病，忠言逆耳利于行。

宁教我负天下人，毋教天下人负我。

玉可碎而不可改其白，竹可焚而不可毁其节。

中国的经典著作甚多，诸如《庄子》《礼记》《论语》《世说新语》等，其中的经典名句浩如烟海，这里举例只能是挂一漏万。

新时代的金句

20 世纪 70 年代末期,党的十一届三中全会开启了新中国改革开放的伟大篇章。随着经济、社会、文化的不断进步和发展,陆续有许多新的词句在媒体中传播,诸如:

安定团结,和谐社会。

改革开放,合作共赢。

科学发展,与时俱进。

不忘初心,牢记使命。

勤政爱民,依法治国,以德治国。

环境保护,生态文明,绿水青山就是金山银山。

新时代,新气象,新机遇,新使命,新征程。

友好合作,互信互利,平等协商,共享成果。

构建人类命运共同体,共商共建共享美好的世界。

讲好中国故事,让世界了解中国。

这些新词语,内涵丰富,具有遣词造句的深厚功力,有的还是旧词新用,极富创意。它们反映了时代的进步,表达了中国共产党的坚强政治意志,宣示了中国人民对世界和平和发展的企盼、责任和担当,彰显了广大人民的强烈心愿,因此为国人所喜闻乐见,激发出国人的热情和响应。

第五节　描写是作文的基本功

写文章的基本要求是准确、鲜明、形象、生动。为此，必须学会描写，运用各种文字材料、表现手法，把自己的思想感情表达出来。这里有几种常用的描写手法值得学习、使用。

形　容

写作时，利用一些词语把要表达的人和事具体、形象地描述出来，这种方法叫作形容。想起儿时初学作文、习写日记时总是写不了几句话。记得有一天写"逛庙会"的日记，强烈的印象是人挤人，就是没有很恰当的词语来表述、来形容。恰来家中玩的堂兄随口说："人山人海嘛！"这么几个字的点拨，使我茅塞顿开："哇！人多得像高山和大海一样，原来可以这样形容呀！"

写文章时使用形容词描述事物或情景，其表达效果往往是很神奇的。例如：

1. 一行行的路灯准时在 18 点亮起来了，瞬间掀开了街道的夜幕。

2. 一行行的路灯准时在 18 点洒下了温暖柔和的橘黄色光芒，瞬间掀开了街道的夜幕。

1. 张奶奶躺在病床上，看着自己拉扯大的养女忙着服侍自己,她很欣慰。

2. 张奶奶躺在病床上,看着自己含辛茹苦拉扯大的养女忙着服侍自己,她欣慰地流下了两行热泪。

上述两组例句,第 1 句和第 2 句所表达的意思基本相同,可是我们读第 2 句所获得的印象比读第 1 句要鲜明深刻得多,这就是添加形容词的效果。

这些起形容作用的词,在句子里一般是作定语、状语或者补语,是常用的描写方法。但是,形容词必须是有用的、恰当的,不可为形容而形容,否则就会画蛇添足,弄巧成拙。

比　　喻

古往今来,人们说话、写文章,为了深入浅出或生动形象,有助于理解某种事理,总是使用比喻手法。例如,患有重病的高龄老人,古人对其就有一种比喻:"风头之烛,瓦上之霜。"这样的比喻形象而贴切。

又如在我国的政论中有一个词:"纸老虎。"第一个提出"纸老虎"这个词的是蔡和森,他将空谈误国的政论家与蕴含真实力量的群众相对照来论述"纸老虎"问题。毛泽东至少六次论述过"纸老虎"问题,其中影响最大的一次是 1946 年 8 月 6 日,毛泽东在与美国记者安娜·路易斯·斯特朗的谈话中指出:"一切反动派都是纸老虎。"意思是说反动派的样子看起来很可怕,其实并没有什么了不起的。

在当今的反腐败斗争中,党中央提出坚持"老虎""苍蝇"一起打,即不论什么人,不论其职务多高,只要触犯党纪国法,就要一查到底,决不姑息。这里的"老虎""苍蝇"也是较为形象的比喻。

借　代

作品里称呼一个人,可以不用这个人的姓名,而是换用一个词,但是大家都知道说的就是这个人。文章中借代的基本用法大体有两种。

一、运用形象特征来借代

鲁迅小说中的人物,很多是以借代来称呼的,"阿 Q"就是一个典型。而《故乡》里有一段是这样描述杨二嫂的:

> 一个凸颧骨,薄嘴唇,五十岁上下的女人站在我面前,两手搭在髀间,没有系裙,张着两脚,正像一个画图仪器里细脚伶仃的圆规。
>
> ……圆规一面愤愤的回转身,一面絮絮的说,慢慢向外走……

鲁迅先生先描写杨二嫂站立的形象像一个圆规,以后就直接叫她"圆规"了。这种用形象上的特征来代替要描写的人或事物的方法,就叫作"借代"。

运用借代的修辞手法,除了注意形象、性质上的特征之外,还要在上下文里有所交代。上例《故乡》里，如果突如其来地用"圆规"称呼杨二嫂，读者势必感到莫名其妙。

二、运用比喻来借代

借代与比喻往往密切相关，有许多借代修辞是靠打比方实现的。例如，一般用"桃李"比喻人才，在许多场合，"桃李"就成了人才的借代。

汉朝《韩诗外传》记载，春秋时代，魏国有个叫子质的大臣，他大权在握，曾保荐过很多人当官。后来他因故丢官，只身跑到北方，见到一个叫简子的熟人，就向简子发牢骚，埋怨自己过去栽培过的人在危难时都不肯帮助他。简子听了子质的怨言后，笑着说，春天种了桃树和李树，到了夏天可以在树荫下纳凉休息，秋天还可吃到可口的果实。可是，如果你春天栽种的是蒺藜，到了夏天非但不能利用它的叶子遮阴，秋天它长出来的刺还会扎伤人。你过去培养、提拔的人都是些"蒺藜"，是些不值得保荐的人。所以，君子培养人才就像种树一样，应先选好对象，然后栽培啊！所以后世就把培养人才说成"树人"，把培养出的优秀人才叫作"桃李"。教育事业成功，培育出大批人才，就叫"桃李芬芳"。老师教授出来的学生很多，就誉为"桃李满天下"了。

抑　扬

抑是抑，扬是扬，同是修辞手法。为加重语气，增强说服力，话语中常把要抑压的、贬低的、否定的和要赞扬的、抬高的、肯定的并举，以达到"抑"或"扬"某一方面的目的。它有几种表现手法。

一、欲扬之先扬

所谓"欲扬之先扬",是指为强调最终所要赞扬的人或事,在此之前,可先对该人或该事加以赞扬。这样先赞扬是对后赞扬的铺垫,使读者感到后面的赞扬是必然结果。例如《三国演义》中的诸葛亮,他在"隆中对"之前,已被许多名士推荐。其中,水镜先生介绍道:"伏龙、凤雏,两人得一可安天下。"还有徐庶的荐举,他说诸葛亮有"经纶济世之才"。随后才有刘备"三顾茅庐"的敦请。可见,水镜与徐庶的推荐,就是"先扬",为诸葛亮最后被刘备敦请出山做了舆论先导。

二、欲抑之先抑

为了对某一个人或一件事的贬抑,此前对该人或该事先行贬抑。例如毛泽东的《反对党八股》,仿照八股文章的笔法,也来了一个八股,罗列了党八股的八大罪状:一是空话连篇,言之无物;二是装腔作势,借以吓人;三是无的放矢,不看对象;四是语言无味,像个瘪三;五是甲乙丙丁,开中药铺;六是不负责任,到处害人;七是流毒全党,妨害革命;八是传播出去,祸国殃民。毛泽东归纳说:"上面这八条,就是我们申讨党八股的檄文。"这显然是对党八股的总体批判,是抑压贬斥。为了达到抑的目的,毛泽东在文稿的开头就先作了抑的铺陈:

党八股也就是一种洋八股。这洋八股,鲁迅早就反对过的。我们为什么又叫它作党八股呢?这是因为它除了洋气之外,还有一点土气。也算一个创作吧!谁说我们的人一点

创作也没有呢？这就是一个！（大笑）

党八股在我们党内已经有了一个长久的历史,特别是在土地革命时期,有时竟闹得很严重。

从历史来看,党八股是对于五四运动的一个反动。

三、欲扬之先抑

分明是想赞扬,却先予以贬抑。这一手法,大多用于肯定的人物或事物上。例如,素有"鬼才"之美誉的当代著名剧作家魏明伦曾在一次答采访者问时,为达到自我褒扬的效果,先是尽用贬词,给人以贬抑的初步印象。他说:

> 您问我成功的秘诀？有诀但无秘,早已公开——喜新厌旧、得寸进尺、见利忘义、无法无天。

魏明伦的答话别出心裁,妙语连珠。先将"秘诀"一词拆开,"无秘"即公开,"有诀"即指后面说的四个贬义词。这让人听了吓一跳,怎么这样说话？而经他后面解释,听者豁然开朗:所谓"喜新厌旧"指求创新,不守旧;"得寸进尺"指绝不满足于已取得的成绩,永远向更高的目标奋进;"见利忘义"则指眼中只有利于新时代、利于观众的追求,而无那些陈腐僵化的教条定义;"无法无天"指艺术创作不受旧框框旧方式的限制束缚,大胆创新。富有幽默感的魏明伦,大胆地将贬词褒用,欲扬先抑,别开生面,耐人寻味,给人留下了难忘的印象。

四、欲抑之先扬

先给读者以假象,试把读者的判断引向相反的方面,待到一定的时机才揭示真相,使人猛然醒悟。这种手法,大多用于否定的人物或事情上。例如著名剧作家曹禺的话剧《雷雨》第二幕,刻画周朴园这个人物,先极力写他对"梅小姐"的深情厚谊,仿佛是一位有情有义的好丈夫。但是,当他发现站在面前的鲁侍萍正是当年的梅小姐时,便撕下他那温情脉脉的假面具,露出凶恶的本相,要立刻把侍萍赶走。剧情一扬一抑,把周朴园冷酷与伪善的本质揭露得体无完肤。

比　　拟

写文章,有时需要把物拟作人,或把人拟作物,这种描写手法叫比拟。前者叫拟人,后者叫拟物。这在修辞学上是一种重要手法。

一、拟人的描写

写作常常会涉及人以外的事物。人以外的事物,自然没有人那样的思想感情,更不会说话,它们的性质同人不一样。但是,当我们对这些事物有了强烈的感情时,就会觉得它们也有像人一样的思想或动作。把相关事物当作人来叙述,或用描述人的词语来描述事物,甚至让事物用人的语言直接说话,这就是拟人的手法。例如:

1. 黄河在咆哮,黄河在怒吼!中华民族已经到了生死关头,我们要决一死战,把日寇赶出中国去!

2.秋夜迷人,星星眨眼,蟋蟀婉转地吟唱。丰硕的果实散发着醉人的芳香!

运用拟人的手法,一方面能生动地写出事物的特点,另一方面还能表达出人的心情。运用拟人的修辞方法,有两点需要注意:一是拟人的词语,要合乎事物的特点,即所谓的物性;二是要合乎人的心情。像例1中的黄河"咆哮""怒吼",既表现了黄河奔腾的特性,又体现了当年中国抗日军民的愤怒心情。例2中描述的既是秋夜的实景,也表达出人们陶醉在丰收之中的喜悦心情。拟人合乎情理,便是恰当的运用。

二、拟物的描写

拟物是把人比作物。例如《木兰诗》里有这样的描述:

雄兔脚扑朔,雌兔眼迷离。双兔傍地走,安能辨我是雄雌?

结句是花木兰自拟,亦即拟物的描写。

第六节 学会修辞和用典

修辞与用典是两回事,但又有一定的关联。修辞是一种艺术,体现在对语言的调整和选择两个方面,包括语音修辞、语汇修辞、语句修辞。语音修辞是利用词语的声音进行修辞，以取得语言的音乐美，大体指音节的配合、声调的协调以及押韵的和谐，语汇修辞主要是从词的意义、色彩、声音方面，对同义词语的选择；语句修辞主要是对句子的组织和对句式的选择。

运用修辞的手法形成一定的格式，叫修辞格，又叫辞格。除了常用的形容、引用、比喻、借代、夸张、比拟之外，还有双关、对比、抑扬、得体、序换、互文、奇设、设问、变异、矛盾、移觉、移用、拟声、跳脱、仿词、顶真、飞白、倒装、反语、通感、警句、讽喻，等等。许多修辞造就的情景，奇妙迷人，趣味无穷。为说明此意，试举一例。传说古代有位姓李的秀才，为了生计，谋求一个员外家的家教职位。员外老爷要考考这秀才的才学，便出了一道题："何处何人诗最好？"秀才就题作了一首诗并巧妙地进行自荐，结果被录用。秀才的自荐诗是这样：

四海文章属三江，三江佳制属梓桑；
梓桑风雅属阿买，阿买我传巧锦囊。

一首四句小诗，竟然用了好几种辞格，实属高妙。如借代：诗中"文章""佳制"和"风雅"，都代表好诗；"阿买"是韩愈侄儿的小名，因韩愈有"阿买不识字，颇知八分书"的诗句，故后来"阿买"便成了侄儿的代称。再如顶真：诗中"三江""梓桑""阿买"等词语各出现了两次，分别是上句的尾词和下句的首词，使诗句上递下接，首尾蝉联，不仅使意思有连贯性，而且增强了节奏感。另如引用:诗中"佳制"当是"锦囊佳制"的缩略语,意思是"极好的诗"。这是对《西厢记》中名句的引用:"昨宵个锦囊佳制明勾引,今日个玉堂人物难亲近。"

至于"用典",就是运用典故,也是一种修辞方法。典故是我国古代文化成果中的璀璨珠玑。《现代汉语词典》释"典故"云:"诗文里引用的古书中的故事或词句。"《辞海》《辞源》的释法与此类同,指"诗文中引用的古代故事和有来历出处的词语"。不过,必须划清它与成语、引语、普通词语的界限,除了辞书释义的"引用有来历出处"的词语之外,典故应是"离开源出语言环境即无法理解"的词语,当然还包括古代的事典和典制,即那些有借代、喻指之义的词语。一般而言,精彩的典故多为历史人文故事,往往片言只语,却形象地点明历史人物的运筹机窍,寥寥数字即深刻揭示出人生哲理。其中有的载述中华民族的传统美德,有的传承先人的杰出机智,有的反映古代社会的多彩生活:以极其精练的文字反映出丰富而深刻的思想内容。我国诸多古籍所传承的典故,历史之悠久,流传之广泛,在世界文化史上是罕见的。无论是古人写作立论,还是今人做文章,都讲究引经据典。所谓据典,就是借用典故来说明所要阐释的道理,这样形成的理论便有了依据。诗文中采用典故,可以使作品熠熠生辉,使论证强劲有力。成语中蕴藏有大量典故,方言、习俗也多为言之有理的言辞,写文章时信手拈来,往往能产生锦上添花的效果。

比喻的变式

对于比喻,大家都比较熟悉。从修辞的角度说,比喻另有好几种变式,可供大家灵活运用。

一、倒喻

倒喻与一般比喻相反,即本体和喻体的次序相颠倒,喻体在前,本体在后,构成"喻体像本体"的形式。例如毛泽东《反对党八股》中的语句:

> 上海人叫"小瘪三"的那批角色,也很像我们的"党八股",干瘪得很,样子十分难看。

这种生动的比喻,就是由喻体倒推到本体,更能突出本体的具体特征。

二、反喻

通常,比喻是从正面用肯定的语气说明本体像喻体,而反喻则是从反面用否定的语气说明本体不像喻体,它强调的是本体与喻体的相异之处。例如郁达夫《故都的秋》里的语句:

> 秋并不是名花,也并不是名酒,那一种半开半醉的状态,在领略秋的过程上,是不合适的。

反喻的作用是以反衬正,使本体更加鲜明。

三、曲喻

这种比喻是运用迂回曲折的方法打比方,一般是否定主体或否定喻体。例如青海民歌《站在高山上》的歌词:

站在高山上向西看,一条白带绕丛山。不是带,原是新开公路上岭来。

这是否定喻体的例句。还有否定本体的曲喻,例如刘白羽《长江三日》的语句:

水天,风雾,浑然融为一体,好像不是一只船,而是你自己正和江流搏斗向前。

曲喻强化了比喻的生动性,颇有峰回路转、柳暗花明的妙趣。

四、互喻

这种比喻是两种事物相互为喻。互喻的特点是一般有两个喻句,先用喻体比本体,再用本体比喻体,构成"甲像乙,乙像甲"的形式。例如郭沫若《天上的街市》中的语句:

远远的街灯明了,好像闪着无数的星星;天上的明星现了,好像点着无数的街灯。

这个例句先用"明星"比"街灯",再用"街灯"比"明星",使这两种事物互相比喻,相映成趣。

五、博喻

这种比喻是指连用好几个喻体对本体反复设喻,从而使立意更加深远。例如《红楼梦》第七十八回中的语句：

> 其为质则金玉不足喻其贵，其为性则冰雪不足喻其洁，其为神则星日不足喻其精，其为貌则花月不足喻其色。

这个例句连用了 4 个比喻，描写晴雯其人，用"金玉"比喻其品"质"高贵，用"冰雪"比喻其品"性"纯洁，用"星日"比喻其"神"采精明，用"花月"比喻其容"貌"绝美。可见，博喻就是从多方面打比方，突出其特点，使本体更生动形象，更丰富多彩。

六、约喻

约喻与博喻正好相反，即多个本体联合在一起，用一个喻体来打比方，也就是一个喻体同时比方多个本体。例如顾笑言《爱情交响诗》里的词句：

> 悔恨、羞耻、绝望、孤独……这些折磨人的感情，像一群饥饿的老鼠，轮流来咬我这颗渗着血珠的心。

此例句是用"饥饿的老鼠"这一个喻体，比方"悔恨、羞耻、绝望、孤独……"多个本体。可见约喻是通过一个喻体来反映几个事物相同的特征，在修辞上与博喻有异曲同工的效用。

七、套喻

这种比喻是指两个或两个以上紧密相关的比喻连接在一起，环环相套，相互照应。恰到好处地运用套喻，能激发读者的深远思考,具有妙语连珠、珠联璧合的艺术魅力。

鲁迅先生曾自喻为"牛",并说:"我吃的是草,挤出来的是奶。"郭沫若和茅盾都非常敬仰鲁迅,有一次两人在一起谈起鲁迅名言"俯首甘为孺子牛"时,郭老深情地说:"鲁迅愿做一头为人民服务的牛,我呢?我愿做这头牛的尾巴。"茅盾莞尔一笑,情不自禁地接着说:"那我就做这牛尾巴上的毛。"

鲁迅、郭沫若和茅盾三人分别自喻为"牛""牛尾巴"和"牛尾巴上的毛",这一连串的比喻,一环套一环,环环相扣,从大到小,从整体到局部,层层递进,思想深刻,形象生动,意趣盎然。

套喻在作品里常被运用,例如陈汉元的散文《从宜宾到重庆》中就有这样的语句:

> 重庆的台阶特别多,好像是数不尽的钢琴琴键。勤劳的山城居民,祖祖辈辈踏着这些琴键,演奏着生活的交响乐。

这个例句很有意思,把"台阶"比作"琴键",又以"交响乐"比喻山城居民辛劳的生活。前喻为后喻铺垫,而后喻则是前喻的升华,意境真可谓美不胜收。

必要的夸张

我们在说话或者写作时,为了更强烈地表达自己的感觉,以强化、突出效果,可以用夸张的手法。

宋朝大文豪苏东坡与胞妹苏小妹曾以诗相戏,因为过于夸张,故妙趣横生。苏东坡是长方脸,苏小妹首先以他的脸做文章,扬其所"长",攻其所"短",戏之曰:"去年一滴相思泪,至今方流到嘴边。"苏东坡也不示弱,他抓住苏小妹额头高凸的特点,戏谑以对,迎"头"痛击:"香躯未离闺阁内,额头已到画堂前。"二者的诗句离奇而形象,夸大而生动,委实有趣。

诗文为了表达意蕴,有很多夸张的词句。例如:

君不见黄河之水天上来,奔流到海不复回。

白发三千丈,缘愁似个长。

欲穷千里目,更上一层楼。

桃花潭水深千尺,不及汪伦送我情!

飞流直下三千尺,疑是银河落九天。

两岸猿声啼不住,轻舟已过万重山。

通感描写

通感,就是用形象的语言,把不同感官的感觉沟通起来,将一种感官的感觉转移到另一感官上,借联想引起感觉的转移。此乃"以感觉写感觉"。

在通感中,颜色似乎有温度,声音似乎有形象,冷暖似乎有重量。在鲁迅小说《药》中,小栓妈和夏瑜妈同时为她们的儿子上坟时,作者对坟头景物做了这样的描写:

微风早经停息了;枯草支支直立,有如铜丝。一丝发抖的声音,在空气中愈颤愈细,细到没有,周围便都是死一般静。

这番话的描写,在修辞上就是通感。本由听觉感受到的声音转移到视觉,形象地描绘出母亲们在坟上悲惨的哭声。这哭声是革命者的悲哀,也是无知群众的悲哀。

一语双关

说话或写文章,在特定的语境里,利用语音或语义的条件,使某一词语产生双重的效果,其字面是一种意义,而实际上另指一种意义,即"言在此而意在彼",这就叫作双关。

双关有多种类型,按表达方式,主要有以下几种类型。

一、谐音双关

谐音双关是借助词语的谐音、同音或近音形成的。像歇后语中就有许多是谐音双关:

外甥打灯笼——照舅(旧)

孔夫子搬家——尽是书(输)

打破砂锅——纹(问)到底

……

二、借形双关

借形双关就是借用形体来表达一语双关的意思。例如,理发店有一副经典对联:

> 虽然毫末生意,
> 却是顶上功夫。

这副对联,其实是理发店的广告。从字面上看,"毫末"指头发,意思是本店经营理发生意,做的是美发业务。它一语双关,话中有话,同时说明:"虽然这等生意的营利就像毫末一般微乎其微,但手艺是头等的水平。"真是妙绝!

三、语义双关

语义双关就是由词语的意义引申构成,亦称寓意双关。据传太平天国翼王石达开当年在广西发动起义之前,于贵县城内李文彩开的理发店设立了秘密联络点。石达开为这家理发店写了一副对联,以表达起义的心迹:

> 磨砺以须,问天下头颅几许?
> 及锋而试,看老夫手段何如!

这副对联意在双关,字面上说的是剃头,其背后却是表达起义的雄心:待到起义,他就要率部冲杀,天下有多少贪官污吏的头颅砍不尽?试看起义军锋芒所向,大显威风!

首尾顶针

顶针也叫顶真或联珠法,就是用前文的结尾(一个词或一个句子)做下文的起头,使语句互相衔接、紧凑流畅、生动活泼。例如,李白的诗《白云歌送刘十六归山》:

楚山秦山皆白云,白云处处长随君。

长随君,君入楚山里,云亦随君渡湘水。

湘水上,女萝衣,白云堪卧君早归。

这种顶针修辞的作品,颇有回环反复的意味,情深意切,缠绵悠长。

正反对比

正与反、上与下、高与低、粗与细、远与近、爱与恨等互成反义词,巧妙地运用反义词揭示事理,更有说服力。例如古代有一句名言:"祸兮福所倚,福兮祸所伏。"北宋文学家范仲淹在《岳阳楼记》里说:"不以物喜,不以己悲。"唐朝著名文学家、哲学家韩愈曰:"业精于勤,荒于嬉。"毛泽东主席曾教导我们:"虚心使人进步,骄傲使人落后。"这些名言警句都充满着人生哲理,具有鲜明的说服力。类似的例子在古今诗文中不胜枚举:

横看成岭侧成峰,远近高低各不同。(苏轼《题西林

壁》)

蚓无爪牙之利、筋骨之强,上食埃土,下饮黄泉,用心一也。(荀子《劝学》)

有的人活着,他已经死了;有的人死了,他还活着。(臧克家《有的人》)

典故的点化

引用典故也是一种很重要的修辞手段。如果读者能通晓诗文中的典故,诵读时会印象更加深刻,韵味无穷。不妨举两首唐诗的实例说一说。

刘禹锡诗《酬乐天扬州初逢席上见赠》曰:

巴山楚水凄凉地,二十三年弃置身。

怀旧空吟闻笛赋,到乡翻似烂柯人。

沉舟侧畔千帆过,病树前头万木春。

今日听君歌一曲,暂凭杯酒长精神。

"乐天"指诗人白居易。唐敬宗宝历二年(826年),刘禹锡罢和州刺史任返回洛阳,同时白居易从苏州归洛阳,两人在扬州相逢。白居易在宴席上写了一首诗相赠,刘禹锡便写了《酬乐天扬州初逢席上见赠》来酬答白居易。诗中颔联就分别引用了两个典故,一是"闻笛赋",指的是西晋向秀所作的《思旧赋》。向秀跟嵇康是好朋友,嵇康因不满司马氏集团而被杀,向秀经过嵇康故居时,听见有人吹笛,不禁悲从中来,于是作《思旧赋》。另一个是"烂柯人",指晋人王质。他上山砍柴,看见两个儿童在下棋,就停下来观看。等棋局终了,他手中的斧柄已经朽烂。回到村里,他才知道已经过去了100年。诗人刘禹锡借用这两个典故,是说自己在外23年,如今回来,许多老朋友都已去世,只能徒然地吟诵"闻笛赋"表示悼念;后一句用王质烂柯的典故,既暗示自己贬谪时间的长久,又表达世态的变迁,以及回归后生疏而怅惘的心情。短短两句,用典故来点化,便生发出千愁万绪。

李白诗《行路难》(之一)曰:

金樽清酒斗十千,玉盘珍羞直万钱。

停杯投箸不能食,拔剑四顾心茫然。

欲渡黄河冰塞川,将登太行雪满山。

闲来垂钓碧溪上,忽复乘舟梦日边。

行路难,行路难,多歧路,今安在?

长风破浪会有时,直挂云帆济沧海。

李白是唐朝伟大的浪漫主义诗人,诗风豪放飘逸洒脱,想象力丰富,语言流转自然,音韵和谐多变。他善于从民歌、神话中吸取素材,构成其作品独特的绚丽色彩,是浪漫主义诗歌的高峰。因仕途非常不顺,他内心苦闷,"行路难"是乐府诗题,此诗表面上是写旅途的艰难,其实是写人生道路之艰难。诗人用"冰塞川"

"雪满山"象征人生之路的艰难险阻,这里更是写仕途的艰难。古人说"歧路亡羊",李白看不清路在何方,所以"拔剑四顾心茫然"。"拔剑"在这里是指施展才华和抱负。

"闲来垂钓碧溪上",李白是真的在清溪旁边闲适地钓鱼吗?当然不是,他是借用"姜太公钓鱼"的典故。而下一句"忽复乘舟梦日边",则是用了伊尹的典故。前者是姜尚90岁在磻溪钓鱼遇到文王,后者是伊尹在遇到商汤之前曾梦见自己乘舟绕日月而过。这两位大人物起初在仕途上并不顺利,最终都大有作为。李白希望自己也能像这两位古人一样,得到一个升迁的机会,更相信自己能够像他俩一样建立不朽的伟业。可见,李白并不甘心在悲哀失意中沉沦,他想腾飞起来,最后两句就是这个意境。

上述两首诗用典的意境,你读懂了吗?人的感情是互通的,古代的诗文在今天依然能引起人们的共鸣,这就是典故的点化力量。

第七节　准确把握文章体裁

文章是客观事物的反映,一定的思想内容必须借助一定的形式才能表现出来。体裁则是文章表现形式中的一个要素。体裁是多样的,对文体作比较科学的分类,反映人们对文章内容、形式的理解和把握又前进了一大步。作者理解文体,有助于把文章写得很得体;读者理解文体,对深入领悟文章的思想内容和表现特色,都会有所帮助。

文章体裁的分类大体有两大原则:

一是根据文章内容和形式的特点分类。每一篇文章,无论是在内容方面,还是在形式方面都有某些特色,这是分类的主要根据。在具体分类时,应该注重从总体特色来定体裁。譬如一篇文章写人写事,有其情节,运用了虚构想象等典型手法,说它是小说,但它并不同于短篇小说那样高度概括、情节完整;说它是故事,可能是因为其真人真事的成分多、朗朗上口,不过故事性并不很强烈;从它短小精悍、活泼自由、构思新颖、形象鲜明而又有相当多的真人真事成分来看,不妨看成是一篇散文。

二是根据传统习惯分类。按传统习惯,常把文章分为文学作品和一般文章两大类。这种分类的唯一标准是有无文学性,即是否根据生活真实进行虚构、想象,运用典型化的方法塑造出典型形象。凡具备文学性的一律归为文学作品类,除此之外,就称为一般文章。

有人根据文章的表达方式,又把一般文章分为记叙文、议论文、说明文等三种体裁。至于以描写、抒情为主的文章,可归并入记叙文一类。对于文学作品,人们根据艺术手段分为诗歌、戏剧、小说、散文等四种。

此外,还有一个大类叫应用文。它的表达特点在于说明,但有别于一般的说明文,它有固定的格式。诸如书信、日记、计划、总结、合同、条据、通知、请示、批复、会议记录等,在日常生活、学习和工作中,应用很普遍。

议 论 文

各种文体的区别,主要不在于所写的内容,而在于用什么方法来表现其内容。议论文主要用议论、说理作为表达方式,这就使它同其他文体区别开来了。议论文的重要特点是说理,即摆事实讲道理;另一特点是强烈的斗争性,也就是发挥其战斗作用。为此,议论文要保证具有三个必要的成分,即论点、论证和论据三部分,一般称为议论文三要素。

一、论点

论点,是一篇议论文的根本,是作者在议论文中所表明的观点,表明对所论问题的看法和主张。论点一定表示某种肯定、赞成或者否定、反对的意见,所以论点一定是以判断的形式来表达的。一篇议论文的论点只有一个,它贯串全文的始终。

二、论据

论据,是用来证明论点的理由或根据,亦即用来证明论点的材料。什么样的材料可用作论据呢? 大体有两大类:一是事实。事实胜于雄辩。例如,事实发生的时间、地点、过程,还有人证、物证、数据,等等。二是理论。大则马克思主义理论,小则政策法规,当然还可引经据典,或者是科学原理、研究成果,等等,因为这些依据本身都已经被实践证明了是正确的。

三、论证

论证,是用论据来证明论点的过程和方法。一篇好的议论文,首先要立论,既要有鲜明正确的论点,又要有充分有力的论据,还要有严密科学的论证,三者是有机的整体。

总而言之,议论文不外乎两种类型:一种是以论证正面观点为主的文章,叫立论文;另一种是以驳斥错误观点为主的文章,叫驳论文。前者重于"立",后者重在"破"。不破不立,是对立的统一,往往同时并用,相互配合。议论文的关键是要有说服力,因此在言辞的运用上要注意严谨准确、鲜明生动。

记 叙 文

记叙文,是以记录、叙说和描写为主要的表现手法,反映实际生活、学习和工作情况的文章,记人、叙事、写景为其主要内容。记叙文通常包括调查报告、新闻、通讯、访问、游记、回忆录等。记叙文所写的人物和事件都应当是真实的,不许虚构和想象。

记叙文的一大特色在于有一定的主题,它反映作者的写作意图,亦即蕴含在作品中的一个基本思想观点。主题来自生活实践,是记叙文的灵魂和生命,是作品内容的主导因素。一篇好的记叙文,总要选择和提炼有教育意义的主题传达给读者。主题是要通过人物、事件等实际材料来表现的,因此材料必须真实而生动,还要具典型性。

记叙文的表现手法,主要是叙述和描写。但有时为增强感染力,也运用抒情和议论的方法。叙事总有一定的顺序,事件的发生发展、人物的成长,是有一个过程的,可以按时间顺序安排材料,进行顺叙、倒叙,也可以插叙,不必太机械。

记叙文的语言是具体形象的。这里所说的"语言",包括文章所写人物的语言、叙述人和事的语言。人物的语言有人物对话、内心独白等,它反映人物本身的性格特征;叙述人和事的语言指作者记人叙事、写景状物的语言。二者都要有特色。

说 明 文

说明文,顾名思义就是说明事物的文章。如要解说事物的形状、性质、特点、成因、过程、结果、功能等,就必须运用说明的方法。当然在必要时也可议论、分析。过去,习惯上把说明文和议论文合称为"论说文"。

说明文的说明方法,概括起来通常有下定义、归类、比较、解释、举例等。说明的中心要突出明确,说明的事物要具有科学性,文章的结构要有条理,读起来才顺理成章。

说明文的品种繁多,常用的有几种,诸如产品说明书、(博物馆、纪念馆、展览馆)解说词、影视作品简介、商品广告、科学小品等。

应 用 文

应用文的适用范围很广,种类很多,按内容性质和用途不同,可分为两大类:首先是公文,例如命令、布告、通告、通报、通知、决议、计划、总结、请示、报告、批复等。此外就是一般应用文,例如书信、日记、便条、启事、记录、计划、总结等。这里不一一介绍。

第二章

穿越时空的古老文体

中国号称"诗国"，历代诗人灿若繁星，在 4000 年的中国文学史上，诗最为繁盛，作品恰似奇珍异宝，为后人留下了大量不朽的篇章，构成中华文化乃至世界文化的一大财富，值得千古传诵。而其他文体，也多受诗的影响，例如词、赋、曲、联、文，历来都有诗化的现象；再从民歌到现代流行歌曲，它们的歌词其实就是一首首诗；甚至连小说、戏曲也莫不受着诗的浸润，试看《三国演义》《水浒传》《红楼梦》等名著，其间插进了多少诗篇！这也是西方文化所没有的独特现象。中华诗词因此而成为人文精神的"基因图"、思想道德的"定盘星"、历史文化的"活化石"，是中华文明皇冠上的璀璨明珠。

除诗、词、曲、联之外，可以纳入诗性文体范畴的中国古代文学作品，还有辞赋和铭文等，都是世界上独有的韵文，美不胜收。

第一节　诗　与　词

诗歌源远流长，上起《诗经》《楚辞》，继以汉赋，下开唐诗、宋词、元曲，殿以清联等佳作，构成汉语诗歌的一个文学体系。这是个韵文大家族，它们的共同特点是：语言精练，格律鲜明，形象生动,内容丰富,因此世代"咏"流传。

《诗经》是我国第一部诗歌总集,具体作者不详,相传由尹吉甫采集、孔子编订,共收集西周初年至春秋中叶(前11世纪至前6世纪)的305首诗歌,故有"诗三百"之称。汉武帝时被儒家奉为经典,始称《诗经》。到北宋时,朱熹将其列为"五经"之首,影响日益广泛。

《诗经》在内容上,分《风》《雅》《颂》三个部分;在艺术上,主要有赋、比、兴三种表现手法,合称"《诗经》六义"。《诗经》的文本最初都是配乐演唱的,韵律和谐整肃,句式以四言为主,兼有杂言。《诗经》的赋、比、兴是最重要的表达方式,赋即铺陈、排比,比即比喻,兴即兴起。《诗经》一举奠定了一种传统:让中国古代诗、乐、舞同源合流,一直延续到宋、元。由于时间的流逝,乐谱和舞蹈终于失传,现在留下来的仅是诗歌,但对后世乃至今日诗坛影响深远。《诗经》在创作上遵循"饥者歌其食,劳者歌其事"的原则,抒发了由现实生活触动的真情实感,是我国现实主义文学的第一座里程碑。可以说,《诗经》塑造了我们的语言,塑造了我们的情感,塑造了我们的价值观。

《楚辞》是战国时期楚国诗歌汇编,由西汉刘向辑录。收录了屈原、宋玉、王褒、贾谊、严忌等人的辞赋,书以屈原《离骚》等著作为主体。"楚辞"本为楚地的歌词,创作手法是浪漫主义的,感情奔放,想象奇特,具有浓郁的楚国地方特色和神话色彩。它明显与《诗经》不同,《诗经》是反映黄河文化的北方诗歌,而《楚辞》是反映当时长江文化的南方诗歌,在内容和声律上有更多的柔顺谐婉,在形式上则以杂言加语助词"兮""乎"为特点,恰与《诗经》的刚健四言互补,共同奠定了中国诗歌的基础。

汉朝时,五言诗(每五字一句)兴起,并成为乐府诗的主要句式。魏晋时期,七言诗(每七字一句)成熟。终于在唐朝形成以五言、七言格律诗为主的诗歌艺术高峰。唐人所称近体诗、今人所称旧体诗,均指格律诗。律诗必须八句四联,各联都要平仄相谐,颔联(第三、四句)、颈联(第五、六句)一般要求对仗,除有的首句也押韵外,其余都是隔句押韵。一般压平声韵,不可出韵。

唐五代是中国古典诗歌的极盛时期。清代,酷爱唐诗的康熙皇帝鉴于以前的选本"多脱漏,未成一代巨观",便命人编纂《全唐诗》,10名翰林历时17个月编修完工,进呈御览,康熙大为赞赏,为之作序并题额为《御定全唐诗》。这部《全唐诗》实收诗歌49403首,涉及诗人2873名,较为完备地收罗了唐人诗作,成为世人阅读和研究唐诗最主要的文献。尽管如此,《全唐诗》依然未能反映唐诗的全貌,遗漏了不少诗人和作品,尤其考订不甚精准,讹误不少。

正由于唐诗空前繁荣,故被称为唐"一代之文学"。千百年来,人们把一个朝代的名称"唐",和一种文学的体裁"诗"紧紧结合在一起,专门称为"唐诗",这是历史上绝无仅有的文化现象,"唐诗"这个名词本身就标志着登峰造极的诗歌成就。不过,青少年朋友刚开始读唐诗的时候,推荐读《唐诗三百首》。这是一个比较好的唐诗选本,是我们阅读唐诗的入门书。

词,应该说是隋唐乐府的一种音乐文体,是可以唱的"歌诗"。

词,相对于诗以抒情为长,故又有"诗余"之称。词原本为歌词,在乐府本有乐曲相伴。它在发展中形成了独特的体制和风格,成为唐宋时代与诗并行且有质的差异的诗体。

所谓"唐诗""宋词",并非唐朝才有诗,更不是唐朝只有诗,亦非宋朝才有词,也不是宋朝只有词,只是说诗发展到唐朝出现盛况,词发展到宋朝达到高潮。这是比较而言。其实,唐既有诗也有词,宋既有词也有诗。

诗歌的魅力

诗歌的魅力何在?不妨讲个小故事:从前有一个盲人,在路边乞讨,收入甚微。一位诗人路过,他想帮帮这个盲人,但翻遍口袋也找不出半文钱来。于是,诗人拿出笔,在盲人面前的牌子上写了一行字,便转身走了。从此,盲人的收入陡然增加了许多。当那位诗人再次路过时,盲人好奇地问他:"你为我做了什么?"诗人回答:"我只是在你的牌子上写了一行字:'春天来了,我却看不见!'"

诗就是这样一种东西,既不可以当饭吃,也不能当水喝。但它可以让我们的生活改变,可以让我们的眼眸发亮,可以让我们的心灵闪光。诗人在盲者牌子上写的那句话,字虽少却富有浓浓的诗意,打动人心。

可见,诗的魅力在于简约、高度集中地反映社会生活、表达情感,精练而有韵味是其外在的特点。

唐诗何以独盛

从历史上看，唐诗名气最盛，它是中国诗歌史上不可逾越的巅峰。为何唐朝多诗人、多诗篇呢？这有它的历史原因。唐王朝由李渊建国，持续了约300年，经历了兴盛、承平、动荡、衰落的阶段，社会生活的丰富，使诗人们文思泉涌，充实了诗人们的创作内容。

去边塞建功立业的愿望，让很多人从军戍边，自然涌现出许多边塞诗人。岑参就是著名的边塞诗者，他两次出塞，在今西北地区生活了6年之久，对边塞生活感受很深，写成许多优秀的边塞诗。

唐朝实行以诗赋取士的科举制度，自然而然地催生出大批风格各异的诗家高手。

此外，唐朝是在南北政权长期对峙之后建立起来的帝国，对各族文化和各种流派的思想采取了兼容并蓄的政策，因此唐人的思想比较活跃，言行比较自由，众人爱写诗，众人爱读诗，这就给诗词的创作和流行提供了充分的条件，从而形成唐诗的群众基础。众人爱写诗、读诗的社会环境，对诗词作者的成长有着积极的影响。

旧体诗的格律

我们今天所说的"旧体诗"，指的就是有一定格律的唐诗。我国诗歌发展到唐朝，形成了格律诗，"格"就是格式，"律"就是规律,这便是近体诗,或曰今体诗。格律是唐诗的独特优势。正如梁启超所言,文言文"成诵易记",是白话文所不及的优点。白话现代诗能上口背诵的有哪些? 严格地说,凡是无格律的文字作品,不能叫作"诗"。梁先生的言下之意,格律诗的优势就在于音韵、节奏。毛泽东主席对此就说得更具体了,他说:"不讲平仄,即非律诗。"对于作诗来说,把握格律的确十分重要。对于读诗的人,也要懂得格律,才更便于理解和欣赏诗作。

格律诗将汉字这一载体的独特优势发挥得淋漓尽致,具有均衡美、节奏美、音乐美、对称美和简洁美。它对句数、字数、韵脚、平仄、对偶等提出了严格要求。

一、句数和字数固定

格律诗主要有两种类型,即律诗和绝句。每首八句的叫律诗,每首四句的叫绝句。按照字数不同,有五律、七律和五绝、七绝。此外,唐诗中还有乐府诗和排律诗两种。

二、押韵在句脚

押韵是中国古典诗词的必要条件,只有押了韵,才朗朗上口,从而易于流传。每个汉字的发音都包含声母和韵母。从语音学上说,凡韵母相同的字,都叫同韵字。所谓押韵,就是前后诗句最末一个字用的应是同韵字,谓之韵脚。不过,诗词里所说的同韵字,并不要求韵母完全一致,只要韵母的主要元音相同就可以了。有时主要元音近似,也算是同韵字。

三、讲究平仄

平与仄是汉语古音系中的声调名称,中古音系有平、上、去、入四声,平即指平声,仄指上、去、入三声。但汉语经中古音系、近古音系发展到今日之现代音系,声调已有变化。中古的平声大致分化成现代的阴平、阳平二声,故平在现代是指阴平和阳平,去声在现今仍为去声,上声则属今日的上声和去声,入声变化较大,即分入阴平、阳平、上声、去声中,不再独立存在,好在入声字不多,一般可粗略地将仄视作上声和去声。

诗人们为了诗句有抑扬顿挫的节奏,总结和概括出一套字与字、句与句的平仄格式,叫平仄谱(诗谱),供写诗者遵守。平仄谱是怎么回事呢?诗人发现,诗的节奏是从读每句诗时的间歇、停顿中产生的。根据汉字一字一音的特点,每两个字做一停顿最适宜。这样,五言的句子便有三个停顿,即"二二一",七言的句子增加了两个字,成了"二二二一"。凡是一个停顿中的两个字,原则上都要求是同一声调,还要求前后两个停顿的声调必须相反,即前一停顿如果是平平,那么后一停顿必须是仄仄,只有这样才有节奏。不论几个字的诗句,起始句头两个字的声调和最末一字是否入韵,对诗的韵律很关键。

四、要求对偶

对偶也叫对仗。在同一句中,平仄相间构成诗句抑扬顿挫的音韵,而两句之间平仄且字意相对,就是对偶。也就是说上下两个句子的结构相同或相似,意义相反或相关。如"天"和"地"、"大"和"小"等,各对都是单音词,意义相反;又如"江"与"山"、"星"与"日"等,也都是单音词,意义都相关。对偶是我国独有的一种修辞方法,因为只有汉字是一字一形一音,才可能做到句型一致,上下用字对称。这种修辞方法,在散文中经常运用,用到古典诗词里成为格律,即律诗中间两联四句(三、四句和五、六句)必须对偶。例如杜甫的七律《登高》:

> 风急天高猿啸哀,渚清沙白鸟飞回。
> 无边落木萧萧下,不尽长江滚滚来。
> 万里悲秋常作客,百年多病独登台。
> 艰难苦恨繁霜鬓,潦倒新停浊酒杯。

律诗中间的两联之所以要对偶,主要是为了在押韵和配置平仄的基础上,使其所表达的思想、感情更为集中、鲜明,进一步突出诗的形式美,如同戏剧的高潮一样,有起有伏。不过,律诗除中间两联要求对偶外,有的首联或尾联也对偶,甚至四联都成对偶,像《登高》这首诗就是四联都对偶,这不是律诗格式的规定,不过是诗人的创作需要。

名诗鉴赏

诗词是一种艺术载体,欲使读者得到美的享受,并产生思想共鸣,创作者除了要把握诗词的格律法则,处理好韵脚,读起来朗朗上口,还要在字里行间投入情感,设计诗的意境,使之情景交融,构成形象的艺术画面。更重要的还在于创作者想要表达的"诗的思想",即所谓"诗言志"。在这方面的表现手法,可以是直抒胸臆,可以是言此而意彼,让读者去领悟、想象。这样的诗才鲜活,才富有一定的意味。

诗词是情感的产物,所以谈诗词首先要体察它的情感。不辨情意,自然难辨诗味;不反复吟诵,不讲究"韵外之致",只是一掠而过,就很难领略诗词中的奥妙。把握诗词的意境是赏读诗词的关键,这需要想象诗作中的思想情趣和具体形象所构成的艺术画面。只有领悟了意境,诗才会令人回味无穷。

"诗无达诂"是我国传统的文学欣赏原则,意为不必对诗句进行咬文嚼字、刨根究底的考据式的解释。譬如陶渊明《饮酒》(之五),我们对这样的千古名篇该如何赏读?

> 结庐在人境,而无车马喧。
> 问君何能尔?心远地自偏。
> 采菊东篱下,悠然见南山。
> 山气日夕佳,飞鸟相与还。
> 此中有真意,欲辨已忘言。

这首诗将宁静祥和的自然环境与纯净超脱的主观情感和谐地统一在一起,即"境与心会",给读者留下了极大的艺术想象空间。倘若遗其神而取其貌,去对诗句字字钻牛角尖,考证"东篱"何在,"见"字是不是该用"望"字,"还"字改"归"字是否更好,"南山"是否实指庐山,读起来诗味则势必全无矣。

然而,古代文人读诗也确有钻牛角尖的人,像清初学者毛奇龄,学识渊博,评起诗来不乏真知灼见,但有时也弄得别人啼笑皆非。一次，他在大庭广众之下訾议苏东坡的诗，有人问他，像苏东坡"竹外桃花三两枝，春江水暖鸭先知"这样脍炙人口的诗句，难道不算上乘？毛奇龄嗤之以鼻，说："江河中除了鸭子还有鹅，鹅何尝不知春江水暖？只说鸭子，就是不精确呀！"众人听罢无不愕然。读诗评诗，岂能这样达诂？

人们常说"唐诗宋词"，似乎是说唐时诗最盛，而宋时词最盛，其实唐宋乃至其前后都有诗，也都有词。下面不妨欣赏几首。

一、项羽的《垓下歌》

力拔山兮气盖世。时不利兮骓不逝。

骓不逝兮可奈何！虞兮虞兮奈若何！

诗中"垓"是地名，在今安徽省灵璧县东南。"骓"是项羽的坐骑，日行千里，项羽曾骑它征战多年。"虞"是跟随项羽的大美人虞姬。此诗相传是楚汉相争中，项羽兵败乌江、被围垓下，听见四面楚歌后所作。当时项羽败退至垓下，击节而歌，随从无不落泪，事后虞美人、项羽先后自杀。

二、汉高祖的《大风歌》

失败的英雄项羽，在《垓下歌》里唱出了他的失意。而成功的英雄刘邦（汉高祖），也在历史上留下了他的很不一般的歌声：

大风起兮云飞扬，

威加海内兮归故乡。

安得猛士兮守四方！

《史记·高祖本纪》记载，公元前195年十月，即刘邦打败对手项羽而登基做皇帝之后的第七年，刘邦又平息了淮南王黥布的叛乱，在凯旋途中，顺便回到故乡沛(今江苏省沛县)，招来故旧父老子弟，举行隆重的宴会，并挑选了120个年轻人组成合唱团，为酒宴助兴。酒酣之际，高祖亲自敲击一种叫"筑"的乐器，并创作出这首歌，让合唱团的青年人演唱。高祖也随歌起舞，"慷慨伤怀，泣数行下"。

三、李白的《送孟浩然之广陵》

李白世称"诗仙"，其诗风雄奇豪放，飘逸如仙，言语流畅自然，音律和谐多变。他善于从民歌和神话中汲取营养，构成特有的浪漫主义风格。杜甫在《寄李十二白二十韵》中盛赞他："昔年有狂客，号称谪仙人。笔落惊风雨，诗成泣鬼神。"李白与杜甫，史上并称"李杜"，李白是继屈原之后中国最伟大的诗人。李白的五言绝句《秋浦歌·其十五》曰：

白发三千丈，缘愁似个长。

不知明镜里，何处得秋霜！

诗人以奔放的激情、浪漫主义的艺术手法，塑造了"自我"的形象，把极深的怨愤和抑郁宣泄出来，展现了强烈感人的艺术力量。"白发三千丈"劈空而来，似火山爆发，骇人视听。单看这一句令人无法理解,白发怎能有"三千丈"?读了下句"缘愁似个长",豁然明白,原来"白发三千丈"是因"愁"而生,这该有多深的愁思!以此夸张的比喻写"愁",奇思妙想,足见李白的浪漫、气魄和笔力。

四、杜甫的《春望》

杜甫早年立下"语不惊人死不休"的宏愿,其诗格律严整,世称"诗圣"。杜诗有千锤百炼之作,亦有随意挥洒之篇,情感演变由炽热趋向悲凉。代表作有忧国忧时的《自京赴奉先县咏怀五百字》《北征》《石壕吏》等名篇。杜甫所作五言诗《春望》曰:

国破山河在,城春草木深。
感时花溅泪,恨别鸟惊心。
烽火连三月,家书抵万金。
白头搔更短,浑欲不胜簪。

这八句诗可以译成这样的现代白话文:

国家被战乱搞得残破了,山河却还在。
都城满是春光,但人烟稀少,草木很深。
想起时局,即使见到好花也要落泪。
同家人离别很久,听到鸟叫都令人心神不安。
战事没有停息,一直迁延了三个月。
难得收到一封家信,几乎能值万金。

白头发越抓越稀少了,简直插不住簪子啦。

此诗是杜甫在投奔肃宗途中,被安禄山乱兵抓捕后送长安暂困时所作,表达了忧国忧民、思家思亲的情怀。

五、张若虚的《春江花月夜》

清代人编《全唐诗》,说《春江花月夜》这首诗是以孤篇压倒全唐之作,意思是说它一篇比全部的唐诗都要好。诗曰:

春江潮水连海平,海上明月共潮生。
滟滟随波千万里,何处春江无月明!
江流宛转绕芳甸,月照花林皆似霰。
空里流霜不觉飞,汀上白沙看不见。
江天一色无纤尘,皎皎空中孤月轮。
江畔何人初见月?江月何年初照人?
人生代代无穷已,江月年年望相似。
不知江月待何人,但见长江送流水。
白云一片去悠悠,青枫浦上不胜愁。
谁家今夜扁舟子?何处相思明月楼?
可怜楼上月徘徊,应照离人妆镜台。
玉户帘中卷不去,捣衣砧上拂还来。
此时相望不相闻,愿逐月华流照君。
鸿雁长飞光不度,鱼龙潜跃水成文。
昨夜闲潭梦落花,可怜春半不还家。

江水流春去欲尽,江潭落月复西斜。

斜月沉沉藏海雾,碣石潇湘无限路。

不知乘月几人归,落月摇情满江树。

"春江花月夜"是什么意思呢?有人在"春江"后面断句,意思是春天的江水。"花月夜"就是有花有月的夜晚。又有人觉得不妥,认为这五个字全是名词:春天、江水、花朵、月亮、夜晚,是一首交响乐的五个篇章,整首曲子有五个主题,它们互相交错、折射,意象丰富,令人心驰神往。这五个字所代表的五种事物,集中体现了人生最动人的良辰美景,构成了诱人探寻的奇妙的艺术境界。

《春江花月夜》的思想性和艺术性,超越了以往那些单纯模山范水的景物诗,也超越了"羡宇宙之无穷,哀吾生之须臾"的哲理诗,更超越了抒儿女离情别绪的爱情诗。诗人为这些屡见不鲜的传统题材注入了新的含义,融诗情、画意、哲理为一体,凭借对春江花月夜的描绘,尽情赞叹大自然的奇丽景色,讴歌人间纯洁的爱情,把对游子思归的同情心予以扩大,把对人生哲理的追求、对宇宙奥秘的探索结合起来,从而汇成一种情、景、理交融的优美意境。

闻一多先生曾在《宫体诗的自赎》中,称誉这首诗为"诗中的诗,顶峰上的顶峰"。评价之高,已到了无以复加的程度。一生仅留下两首诗的张若虚,也因这一首诗,"孤篇横绝,竟为大家"。这在诗史上不能不是一个奇迹!

读诗利于传统文化启蒙

中国传统文化源远流长,浩如烟海,传统教育讲究让青少年在深层愉悦中自然获得熏陶,产生情感共鸣。诗词朗读是一种很好的传统文化启蒙方式。

蒙学的目标,是使孩子获得基本的语文能力、文化常识及培养生活习惯、认识人性心理等,这些与诗词的作用可谓一致。诗词歌谣反映出一种从自由的情感出发,对生命和世界的应然状态进行追问,从而获得精神归宿的价值观建立方式。诗词又以审美、自然、感性、形象的模式和读者的心灵产生互动,使人性不断生成,人格不断提升。这种过程有利于让孩子们从情感上和传统连接起来,从而与传统文化逐渐亲近。

中央电视台的节目《中国诗词大会》近年来广受观众好评,它是对优秀传统文化启蒙和普及的盛举,带来一次次文化大餐和美的享受。它证明让少年儿童诵读诗词是优秀传统文化启蒙之良策。确实,谈诗论词是一项脑洞大开的思想活动。依据读者的生活经验,将丰富的想象力投射到上千年前古人的生活空间,试着去揣摩诗者词人之心,不失为一种探索之旅。吟读古诗词,好似捉迷藏,在字里行间寻找隐约微妙之所在,确实是诗词鉴赏的最高境界。

宋词兴起的缘由

词,最初称曲子词,曲子是它的燕乐曲调,相当于现代的歌谱,词则是与这些曲调相谐和的唱词,相当于现代的歌词。先有歌谱,后按谱填词。

经过隋、唐、五代近400年的时间,许多民间作者和文人共同努力,词的创作由发源时的一泓清浅,演变成力能浮舟的巨流大川。进入两宋时期后,因创作队伍不断壮大,视野不断开阔,词的发展形势犹如江出三峡,一泻千里,挟五湖百渎之水赴海朝宗,故词被称为宋"一代之文学"。《全宋词》及《全宋词补辑》收录1430余家20000多词(含残篇)。可见词这种艺术形式在入宋后呈一派鼎盛气象。其中道理何在呢?

其实,宋词之兴起是多方面因素促成的。首先是韵文形式本身求变。因为律诗、绝句渐成习套,潜力无多,自然会产生他体,以求新意。另外又有人认为,宋诗"言理而不言情",于是把抒情的功能转到填词上去了,等等。因此可以说,唐宋词是中国文学发展的一个新阶段。

此外,北宋的统治者有惩于晚唐五代藩镇割据、兵连祸结、擅主废立的历史教训,早在建国之初就怂恿和诱导将领们交出兵权,"多积金、市田宅以遗子孙,歌儿舞女以终天年"(《宋史·石守信传》)。随后,又扩大科考取仕及任官名额,作为保障其高度中央集权的中坚力量。为换取这一阶层的忠诚效力,封建君主给他们以优厚的物质待遇。因而,当时士大夫诗酒雅集风气之盛行,是前朝所远远不及的。同时,大一统政权的巩固,也给饱受晚唐五代干戈之苦的民众以休养生息的时机。随着农业、手工业、商业的日益发达,市民人口急骤膨胀,他们温饱之余,自然需要文化娱乐的享受，于是便有了民间乐工和歌伎"按管调弦于茶坊酒肆"。上流社会与中下层社会对于声歌的共同需求，形成了推动宋词臻于极盛的合力。

词作为一种长于抒情的文学体裁，唐五代和北宋的词，无不写爱情、离别、四时景物、闲情逸致、羁旅愁叹等内容，风格比较纤细。例如大文学家欧阳修的词作，由于细腻婉约，他的《生查子·去年元夜时》就曾被误认为女诗人朱淑真的作品。北宋词风至苏东坡变得豪放起来，由"人约黄昏后"而唱"大江东去"。但苏东坡之豪气，似乎多"发思古之幽情"。岳飞的《满江红·写怀》等词作，则进一步忧国、忧民、忧时，直接反映社会的现实斗争，为宋词宏大悲壮风格的典范。此后的辛稼轩、陈亮、文天祥等，也写了不少抗金抗元的爱国词作，不能不说是受了岳飞的影响。

宋以后，词与乐曲逐渐分离，乐谱失传，仅存词谱，从此，词即成为一种独立的按词谱填制的诗歌体裁。原乐谱名称便演变为词牌名。原先短小的乐曲叫"令"，较长的乐曲叫"引、近、慢"。曲调的变奏、变化，叫转调、摊破、促拍、偷声等，这些术语至今仍保留在词牌名中。

词在古代文学的园圃里显得格外芬芳。它以姹紫嫣红、千姿百态的神韵，与唐诗争艳，与元曲斗妍，它从《诗经》《楚辞》以及汉魏六朝诗歌里汲取营养，又为后来的明清戏剧、小说输送了有机成分。直至今日，宋词的高超艺术境界，仍陶冶着读者的情操，给读者以美的享受。

词的格律

我们说过,词在昔日有"诗余"之类的多种名称,意思就是词是从诗发展而来的,所以说词和诗在本质上是相同的,有关诗的格律也适用于词。过去又称词为"乐府",乐府是由音乐机关而来的一种诗体,这说明词是配乐歌唱的。

因此可以说,词是配了乐曲的歌词。清人刘熙载的《艺概》说:"词即曲之词,曲即词之曲。"说到底,词因为最初来自民间文学,像是一种民歌,如同现在的歌曲,曲是乐谱,词是歌词。后来经文人整理,按固有乐谱创造出新的歌词供人演唱。直到唐宋时代,文人们把词当作一种新的诗体进行创作,不再专门配乐,从此"词"便渐渐与"乐"分家了。再后来,由于古代乐谱的失传,作词就只能按已有词的规律,推论原先乐谱的种种要求,制定出字句和韵律的格式,供作词者遵循,称之为填词。

现在,再进一步说说词不同于诗的一些特点。

一、词调

词调又叫词牌。词调是指写词时所根据的乐谱,即乐章的性质。它规定词的字数、韵数以及平仄格式。词调有多种,现在存有800多种,每一种都不一样。它们多半源自民间音乐和外来音乐,也有的是乐工、歌伎、词人创作的,还有的是由国家专门的音乐机构制作的。

词调的名称,都有其最初的由来和意义。例如常见的词牌"西江月",是由唐代诗人李白《苏台览古》诗中"只今唯有西江月"得名的；词牌"南乡子"则是唐代教坊中的曲名，表达的是南方的乡土人情；"沁园春"，相传东汉大将军窦宪仗势夺了沁水公主的园林，后人作词提及其事，便以此作了词牌名；"菩萨蛮"说的是唐时女蛮国进贡的事，称来贡者为菩萨蛮队，有人便以此为词牌作词；"浣溪沙"最初是唐朝教坊根据春秋时西施浣纱的故事而立的曲名，后来借作词牌名；"渔歌子"原本是一首描写渔民生活的词的题目，后来亦用作了词牌。诸如此类，每一种词牌（词调）最初都表现各自的音乐情调，有的悲凉，有的激昂，有的缠绵，有的慷慨，等等。每一种词调，都有一定的字数，必须按规定填写。例如"西江月"50字，"西江月慢"103字；"诉衷情"33字，"诉衷情近"75字；"木兰花"55字，"木兰花慢"101字；等等。词像诗一样，也要押韵，诗的韵脚都在偶句，而词则不一定。

不过，有些词牌的情调后来渐与词的思想内容脱节，也就是跟文情没有了关联，所以就另拟题目来表达意境，例如宋代辛弃疾的《南乡子·登京口北固亭有怀》，"登京口北固亭有怀"就是"南乡子"词牌的题目，特意说明内容为作者登北固亭所见所感，表达了他的爱国主义思想。显然题目的意义跟词牌"南乡子"的本意毫不相干，只是借用它的格律而已。

必须注意，有的词牌有几个不同名称，例如"蝶恋花"又叫"鹊踏枝""黄金缕""凤栖梧"等，"忆江南"又叫"江南好""望江南""梦江南""春去也""谢秋娘"等，"念奴娇"又叫"百字令""酹江月"等。还有的词牌是同一名称，但不同调，也就是彼此格律不一样，例如"相见欢""锦堂春"的另一名称都叫"乌夜啼"，"浪淘沙"

"谢地春"的另一名称都叫"卖花声"。

还有同一词调而另有别题的情况,更需要留意。过去曾以音乐为标准,把词调分成慢、令、引、近四类,即同一词调加上不同类别,便成了别题。

"慢"就是声调慢长,使字数增多,例如,"浣溪沙"42 字,"浣溪沙慢"93 字,"浪淘沙"54 字,"浪淘沙慢"133 字。

"令"据说可能源自唐朝的酒令,作为词牌的通称,所以许多词牌名都可加个"令"字,而词牌格式仍然不变,例如"浪淘沙令""雨中花令"等。

"引"跟"令"相似,是诗体的一种,即曲的意思,因而有些词调可以加"引",例如"云仙引""黄鹤引""梦玉人引"等。

"近"与"慢"相似,表明词句增多。例如"祝英台",也称"祝英台近";"扑蝴蝶",也称"扑蝴蝶近"。

以字数的多少为标准,词又分成小令、中调、长调三种。大体上说,小令在 58 字以内,中调在 59 到 90 字之间,长调在 91 字以上。

二、分段

大多数词会分段,前人称分片或阕。"片"是遍数的意思,"阕"是完了之意,就是说音乐演奏了一遍或两遍,或音乐完了。这如同现在的歌曲,有时有两段或两段以上的歌词,每一段唱完了,在词中便叫阕。根据段的多少,可分为单调、双调、三叠、四叠四种。单调即不分段,如"十六字令""如梦令"等。双调即分两段,第一段叫"上阕"或"上片",第二段则叫"下阕"或"下片",绝大部分词是双调。"三叠"即分三段,如"兰陵王"等,这种比较少。"四叠"即分四段,如"丰乐楼"(又名"莺啼序"),四段的词较罕见。分段的词,下段与上段的字数并不完全相同,例如"满江红",上段是 47 字,下段则是 46 字,这些特点是诗所没有的。

三、长短句

词的明显特点是"长短句",这一形式打破了五言诗、七言诗的整齐句式。词句的长短主要是由曲谱决定的。词的最短句只有一个字,如"十六字令"的头一句就是。最长的句子有 11 个字,往往是前六后五,中间一顿,或前四后七,中间一顿。在所有长短句中,五字句与七字句仍是最基本的。所以它们的平仄格式,跟律诗和绝句是一样的。

四、词韵

词不单有韵,而且词韵同诗韵大体上一致,只是比诗韵要宽松些,因为合并了诗韵的某些韵部,许多韵可以通押,显得更近于口语。但词韵也有与诗韵的不同之处:除了有些词是一韵到底地用平韵,如"江城子""浪淘沙令"等,有些词还平仄通押,如"西江月"上下阕的第二句、第三句要押平韵,第四句则必须押仄韵,还有些词规定平仄换韵,可由平换仄,亦可由仄换平。

五、对偶

词也要对偶,这同诗一样,都是为了表达上的需要。但由于词是长短句,只有在两个句子字数相同的情况下才可能对偶,所以词的对偶位置是不固定的,不像律诗那样一定要在中间两联。

词的对偶比较宽,不像诗那么严,表现在三方面:一是遇到可以对偶的两句,也可以不对。二是不避同字相对,例如苏轼《水调歌头》中的词句"人有悲欢离合,月有阴晴圆缺","有"就是同字。三是不限定平仄相对。律诗的对偶必须平声字对仄声字,或以仄声字对平声字。而在词韵中,不但可以平声对平声、仄声对仄声,而且韵脚不一定在句子的末字。

六、词谱

原先不同的词调表示不同的乐谱,填词本应按乐谱进行,后来由于乐谱失传,所以填词者只好按已有的各种词,推测不同词调的乐谱要求。为了便于后人创作,又有人探索概括出词调的共同点,如字数、句数、段数、平仄和押韵等格式,这就是词谱。影响比较大的词谱有清代万树的《词律》,收了 660 个词调。清康熙时的陈廷敬、王奕清等人合编的《钦定词谱》,共收词调 826 个,这就比较完善了。清代另有一部由舒梦兰(字白香)编选的《白香词谱》,只收了 100 个词调,适用于初学者。

怎样填词

填词就是按照词谱格式创作新的唱词。填词必先择调,再按词谱规定填入词句。

一、择调

择调,或曰选词牌。例如:

满江红:92 字,仙吕调。

西江月:50 字,中吕官。

……

择调主要是考虑词调的声情和自己所要表达的情感是否吻合。择调要根据前人对词谱上各调音律和感情色彩的描绘，或某调的多数词作的分析、体验，还根据句式长短、韵脚疏密、节奏缓急等要求来考虑。一般句短、韵密、节奏快的词多表现雄壮而激昂，反之则委婉、哀怨。

二、填词

按词谱规定填词，大体有四点要求：

一要注意押韵。词毕竟不是诗，词的韵有疏密之分，疏者六七句一押，密者一句一押；既可押平声，也可押仄声；而且可以换韵，不必一韵到底；用本韵、通韵或重复字都行，但必须严守规定。

二要搞清平仄、对仗。词的平仄格式多样，但基本是律句，且每种格式的平仄固定。就词句而言，平仄变化是有规律可循的。不过不可随意调换平仄，尤其是特定句式的平仄。至于对仗，则相对灵活。

三要把握节奏。词句长短不齐，不同字数的句子，其节奏不同，且音调节奏与意义节奏也不尽相同。词句最基本的字数是四字。有时，句中会出现非正式停顿，却能引起下文的"逗"，如"一字逗"等。超过四字的长句，"逗"后部分多是短句的组合。这一点应该心中有数。

四要讲究章法。所谓章法，主要指开头、结尾和"过片"的技巧。简言之，开头要力求吸引人，结尾要有余味。

名词鉴赏

宋朝前后，词人辈出，佳作很多。宋词风格众多，主要有以柳永为代表的婉约细腻风格,以苏轼为代表的豪放壮丽风格,以周邦彦为代表的格律工巧风格,以李清照为代表的婉约凄清风格,以辛弃疾为代表的豪放悲愤风格,以姜夔为代表的律清秀远风格,等等。归纳而言,可分为以苏、辛为首的豪放派和以柳、李为首的婉约派。

一、李清照《醉花阴·重阳》

李清照,南宋著名女词人,号易安居士,济南人。她的词感情真挚,字句精美,韵律鲜明,自成一家,达到婉约、抒情的境界。她前期的词多写悠闲愉悦的生活,后期则多是伤感凄苦的境遇。请赏读她的《醉花阴·重阳》:

> 薄雾浓云愁永昼,瑞脑销金兽。佳节又重阳,玉枕纱橱,半夜凉初透!
> 东篱把酒黄昏后,有暗香盈袖。莫道不消魂,帘卷西风,人比黄花瘦。

据说这首词是李清照寄给她丈夫以表思念之情。其夫赵明诚此时在外寻访收藏品,得到李氏这首词后很感动,"明诚自愧弗逮,务欲胜之",他有心一比才力,于是闭门三天三夜写作,一口气填制了15首词,与李清照的这篇《醉花阴·重阳》混杂在一起,请其挚友陆德夫从中挑选出最佳作。陆氏翻来覆去地品评,最后挑出李清照这首词说:"唯有这首最佳,妙就妙在'莫道不消魂,帘卷西风,人比黄花瘦'这三句!"赵明诚听后自愧不如。

李清照的一生经历了很多苦难与坎坷,但她坚强面对,凭借自己顽强的意志和对文学的热爱,成为与李白、杜甫、陆游等男性作家平起平坐的中国古代文学大家。

二、苏轼《念奴娇·赤壁怀古》

苏轼是北宋大学者,字子瞻,号东坡居士,今四川眉山人。他21岁中进士,官至礼部尚书,为官清廉正直。后新党上台,苏轼被一贬再贬,直至琼州(今海南岛)。苏轼是全能大家,其诗、词、散文造诣都很深,享誉中国文坛。其词清新豪健,善用夸张比喻,独具一格,大大扩展了词的表现内容,达到"无意不可入,无事不可言"的境界。请赏读《念奴娇·赤壁怀古》:

> 大江东去,浪淘尽,千古风流人物。故垒西边,人道是,三国周郎赤壁。乱石穿空,惊涛拍岸,卷起千堆雪。江山如画,一时多少豪杰。
>
> 遥想公瑾当年,小乔初嫁了,雄姿英发。羽扇纶巾,谈笑间,樯橹灰飞烟灭。故国神游,多情应笑我,早生华发。人生如梦,一樽还酹江月。

"念奴娇"是词牌名。"赤壁"指三国赤壁之战中周瑜火烧曹操兵船之地。"公瑾"是周瑜的字,小乔嫁予周瑜。"纶巾"是青丝头巾,指代周瑜。"酹"是把酒浇在地上,表示祭奠。这是一首借古抒怀、感伤往事的千古名篇。全词气势恢宏,意境博大,令人叫绝!

三、岳飞《满江红·写怀》

岳飞,南宋抗金名将,字鹏举,相州汤阴(今河南省汤阴县)人。其出身贫寒农家,作战勇敢,身经百战,屡建奇功。岳飞流传下来的作品虽不多,但都是充满爱国激情的佳作。他的《满江红·写怀》就是一首气壮山河、传诵千古的名篇:

怒发冲冠,凭栏处、潇潇雨歇。抬望眼,仰天长啸,壮怀激烈。三十功名尘与土,八千里路云和月。莫等闲、白了少年头,空悲切。

靖康耻,犹未雪。臣子恨,何时灭?驾长车,踏破贺兰山缺。壮志饥餐胡虏肉,笑谈渴饮匈奴血。待从头、收拾旧山河,朝天阙。

这首词表达了作者抗金救国的坚定意志和必胜信念,体现了大无畏的英雄气概,洋溢着爱国主义的激情。几百年来,每当中华民族处于危亡之际,它便飞扬在一代又一代爱国志士的心头。

四、辛弃疾《永遇乐·京口北固亭怀古》

南宋大词人辛弃疾,字幼安,号稼轩,历城(今山东省济南市)人。他出生时,大宋北方已被金兵侵占,忍无可忍的汉人揭竿起义,抗金队伍日渐增多,其中山东境内声势浩大的义军头领是济南农民耿京。当时22岁的辛弃疾在家乡也聚集了2000名乡众起义,并投奔在耿京的旗下。辛弃疾见抗金形势发展很快,于是劝说耿京上表归宋。绍兴三十二年(1162年)正月,耿京派辛弃疾觐见宋高宗。此时还倾向主战的宋高宗非常高兴,马上给辛弃疾等人封官行赏。

辛弃疾是一位爱国者,他南下归宋后,历任两湖和江西安抚使,仍不断上书,力主收复中原,但朝廷的政治路线变了,辛弃疾的主张不但不被采纳,反遭疑忌。他自 43 岁落职闲居江西上饶一带达 20 年,晚年又被起用为浙东安抚使和镇江知府,上任后继续力主抗金。由于朝廷不予理会,他只好辞官回家,壮志未酬,抑郁病逝于金山。

辛弃疾文武双全,是一位难得的词人。他的词题材广阔,气势雄壮,意境深沉,经史兼容,具有清丽明快的风格。辛弃疾继苏轼之后,将词的豪放风格发扬光大,使豪放词蔚然成为一大词派,故在文学史上苏、辛并称。辛词风格多样,打破了诗词界限,达到诗、词、文合流的新境界,既有勇武雄伟的气魄,又具缠绵细腻的情怀,不求雕琢,用韵自由,语言通俗,别出心裁。请读《永遇乐·京口北固亭怀古》:

千古江山,英雄无觅,孙仲谋处。舞榭歌台,风流总被雨打风吹去。斜阳草树,寻常巷陌,人道寄奴曾住。想当年,金戈铁马,气吞万里如虎。

元嘉草草,封狼居胥,赢得仓皇北顾。四十三年,望中犹记,烽火扬州路。可堪回首,佛狸祠下,一片神鸦社鼓。凭谁问:廉颇老矣,尚能饭否?

"永遇乐"是词牌名。"京口北固亭"即镇江北固山上的亭子。"孙仲谋"即孙权,字仲谋,该句是说已无处可寻孙权这样的英雄了。"榭"为台上之屋。"寄奴"指南朝宋武帝刘裕,小字寄奴,曾推翻东晋。"元嘉草草"指公元450年,宋文帝刘义隆(刘裕之子)草率地派遣王玄谟出兵北伐招致失败。"佛狸祠"在江苏六合瓜步山上,魏太武帝拓跋(小名佛狸)曾在此追击王玄谟。"廉颇"是战国时代的赵国名将,年迈仍应召出征。全词说古论今,抑郁悲愤,壮怀激烈,充分体现出辛弃疾壮志未酬的心情。

第二节　辞赋与铭文

　　在传统文学中,辞赋甚富民族特色。从其发展来看,辞和赋既有联系又有区别。简言之,赋可包括辞,辞却不包括赋。辞的本义,许慎《说文解字》释为"讼也"。争讼必有言语乃至文书,故辞又有言辞、文辞之义,也通作"词",《易传》上所说的"修辞立其诚",即兼顾二者所说的。

　　到了汉代,赋这种文学形式发展得最为兴盛,其代表作家就是写赋高手司马相如。有人称屈原、宋玉等人所作的韵语为"楚辞"或"楚词"。辞作为文体的名称,也就此定下来了。然而汉代人也称屈原之作为赋,《史记·屈原贾生列传》就称屈原"乃作《怀沙》之赋",又称宋玉等文人都"好辞而以赋见称"。故"辞赋"亦连称,如《史记·司马相如列传》说"会景帝不好辞赋",就是实例。

赋,鸿文大作,其实是中国文学发展到汉代而产生的一种贵族化的宫廷文学。

大美辞赋

赋是一种很特别的文学体裁,它既像诗,又像散文。说它像诗,是因为它要押韵,也在一定程度上讲究对仗;说它像散文,是因为它在写法上撒得很开,没有诗那么严谨精练。赋,源于古诗,东汉班固说过:"赋者,古诗之流也。"因此可以认为,赋是吸取《诗经》和《楚辞》风格并散文化而形成的文体。赋有大赋和小赋之分,大赋内容大都描写宫廷的豪华壮丽、帝王的巡游田猎、园苑的美景奇观,也有辩难、说理、讽谏之作,但总体而言是歌功颂德者居多;小赋则以抒情、咏物为特色。

辞赋源流

赋自战国思想家荀子和战国文学家宋玉发其端,西汉大臣、政论家贾谊创定骚体赋之后,在西汉得以总其大成。一般认为,西汉司马相如的《子虚赋》和扬雄的《甘泉赋》是汉大赋真正成熟的代表作。而抒情小赋则起自东汉张衡的《归田赋》,到魏王粲的《登楼赋》和曹植的《洛神赋》方达高峰。《洛神赋》经元代画家、书法家赵孟頫书写成长卷,从而声名大振,这是其他赋辞所远远不及的。

赋在汉代最流行,故汉赋成为汉"一代之文学"。汉以后,六朝发展了双句骈文式的骈赋,隋唐发展了讲求对仗和声律的律赋。例如左思的《三都赋》、江淹的《恨赋》、欧阳修的《秋声赋》都属于有影响的汉后赋。汉后赋虽有不少佳作，但终湮没于诗的光辉之中，难显其光彩。宋代发展了进一步散文化的"文赋"，其中的《秋声赋》《前赤壁赋》当为文赋的扛鼎之作。还有范仲淹的《岳阳楼记》、欧阳修的《醉翁亭记》等，都是脍炙人口的诗性散文，实是赋的发展。总之，这些汉后赋并未能光大汉代大赋"控引天地、错综古今"的气势，终究与散文诗合流了。

辞赋赏读

赋这种体裁的文章，我们的祖先留下了不少，成为中国传统文化的重要部分。辞是赋的一种，适用于抒情的文章，东晋陶渊明的《归去来兮辞》即为辞作的一个好例子。

一、陶渊明《归去来兮辞》

东晋有位别样的诗人、文学家叫陶渊明，字元亮，又名潜，浔阳柴桑（今江西省九江市）人。他生当晋宋换代之际，做过几任小官，41 岁那年，终因看不惯官场腐败，不愿为五斗米折腰，毅然离弃彭泽县令，解印去官，隐居于庐山脚下，躬耕田园，至死不愿再出仕。陶渊明在田园间吟出了"采菊东篱下，悠然见南山"等大量脍炙人口的诗句，开启了一代又一代中国文人的田园生活梦。

归去来兮辞

归去来兮，田园将芜胡不归？既自以心为形役，奚惆怅而独悲！悟已往之不谏，知来者之可追。实迷途其未远，觉今是而昨非。舟遥遥以轻飏,风飘飘而吹衣。问征夫以前路,恨晨光之熹微。

乃瞻衡宇,载欣载奔。僮仆欢迎,稚子候门。三径就荒,松菊犹存。携幼入室,有酒盈樽。引壶觞以自酌,眄庭柯以怡颜。倚南窗以寄傲,审容膝之易安。园日涉以成趣,门虽设而常关。策扶老以流憩,时矫首而遐观。云无心以出岫,鸟倦飞而知还。景翳翳以将入,抚孤松而盘桓。

……

这篇文章在内容安排上层次井然。辞前的"序"先说明弃官的缘由和写作经过,旨在帮助读者更好地理解辞中的思想感情和生活志趣。辞的开头一段是写对过去求官的悔恨、弃官的决心和归途中的感受。第二段接着写归来之乐,有到家后的欣喜场面和田园隐居生活的情景。随后还有两段,省略了未录。

这篇文章的骈文特色在于押韵,如"归""悲""追""非""微"押一个韵,"奔""门""存""樽"又押一个韵等。随着内容的变换,造成抑扬顿挫的旋律,读起来铿锵有声,韵味无穷。

历史上有名的辞赋很多,号称"天下第一"的《恨赋》,作者是江淹。在历史上,人们因熟读《恨赋》才知道江淹其人。还有西晋的左思,花 10 年时间写成《三都赋》。成语"洛阳纸贵"就源自左思《三都赋》的传奇故事,因为文人们都要买纸传抄呀。感兴趣的读者不妨找来读一读。

铭文仍在影响后世

铭，是辞赋派生出的一种文体。古人常写的有箴铭、座右铭、器物铭和墓志铭等。铭一般比较短小，言简意赅，朗朗上口。当今社会很少立墓，故墓志铭已基本失去其时代意义。而座右铭有修身养性的作用，古人善用座右铭，现代人仍很重视它。器物铭作为一种文字游戏，今天仍有人玩味。

不过，由于各种原因，现今写铭文的人少之又少了。所以铭文对当今年轻人来说，越来越陌生。这种现象令人惋惜，因为铭文有着一定的积极意义，仍值得倡导！

人生在世，每个人都有各自为人处世的原则，座右铭就是恪守这一原则的警策形式。古人常将名言用笔工整地写好贴在屋内最显眼的墙壁上或放置书房的桌面上，目的是自己能随时看见而警醒。

一、寇准自题《六悔铭》

北宋名相寇准，有一篇自题的《六悔铭》，以自律自醒。铭曰：

官行私曲，失时悔；

富不俭用，贫时悔；

艺不少学，过时悔；

见事不学，用时悔；

醉发狂言，醒时悔；

安不将息，病时悔。

此铭流传至今,其教化意义仍存,教诲人们对某些不宜言行要及早觉悟悔改。

二、刘孟扬自题《戒贪铭》

刘孟扬是清末民初的著名文人,曾任天津《大公报》主笔,后来改行从政,先后任河北磁县、永年县知县。他从政清廉,为保持一生不贪,曾自题座右铭《戒贪铭》,曰:

> 财富人所羡,但须问来源。来源果正当,虽多不为贪。来源不正当,清夜当自惭。人皆笑我痴,虽痴亦自适。不痴何所得,痴又何所失?居官本为民,贪求非吾志。钱多终非福,人格足矜持。富贵等浮云,荣虚能几日?人生数十年,所争在没世。

三、华罗庚的两则座右铭

我国著名数学家华罗庚早年立过一则座右铭,曰:

> 见面少叙寒暄话,多把学术谈几声。

华老晚年又立了一则座右铭:

> 树老怕空,人老怕松。戒空戒松,从严以终。

华老严格履行了自己的座右铭，一直坚持工作到最后，他是在学术讲台上与世长辞的。

第三节　骈文与八股文

中国古代，曾经有一种特别的文体叫骈文。骈的意思是两物并列成双，形成对偶的式样。故骈文是以字句整齐、两两相对而成篇章，音韵铿锵，对仗工整，多用典故，在形式上显得富丽堂皇，华美一时。骈文又有骈偶、骈俪、对仗、四六、骈体文等名称。优秀的辞赋作品，就是骈文的经典。骈体文虽为古人的佳作，但至今并未完全绝迹，因为它有一些优点。

古人写骈体文，追求严格的体式。而八股文是一种死板的"八股"套路，形式主义，硬是把文章写进了死胡同。

骈文的由来和特征

骈文起源于古代民谣谚语中对偶的修辞方法。它由散文辞赋发展而成，酝酿于两汉，确立于魏晋，至六朝达到鼎盛阶段，在当时整个文坛上占据了压倒性的优势。到了隋唐之初，其仍很兴盛。当时的唐朝，连公文、奏章、贺词、祭文等都要用对仗工整、讲究辞藻的骈文来写。像号称"初唐四杰"（杨炯、卢照邻、骆宾王和王勃）之一的王勃，他的文章虽已向清新、质朴的方向发展，但仍未摆脱六朝排偶华艳余风，所作骈文音律谐和，对仗精切，句式齐整。《滕王阁序》就是王勃的代表作，千古流传。中唐出将入相的令狐楚，也是一位骈文大家，他的骈文和韩愈的古文、杜甫的诗歌，当时被公认为"三绝"。

骈体文的特征是追求典雅，音节和谐；词句方面讲究用典和藻饰，满纸典故。有些抒情、写景的骈文，还充满浓厚的诗意。全篇以双句为主，即所谓俪句、偶句，讲求对仗和声律。骈文一般都是用平行的两句话，两两配对，直到篇末。其中以"四六文"一体尤为突出，句式为四字与六字相间，故又称"骈四俪六"。这种四六格式，在南朝的宋时已具雏形，齐梁时完全成形，至唐宋以后则完全定型了。

骈文还强调平仄规律，它要求以平声对仄声，以仄声对平声。骈文可以分为有韵骈文和无韵骈文两类。凡是用骈体写的赋、箴、铭、赞、颂、诔等，一般都是有韵的，其他体裁则一般不用韵。这些模式盛行于唐宋时代。由于这个时代的大部分骈文作家的生活面狭窄，思想贫乏而又趣味不高，只是一味地在形式、技巧上下功夫，致使许多作品只重华丽的外表，而缺乏实际内容。此种轻视内容的严重弊端，其结果是堕入形式主义的泥坑。

时至中唐，学界终于向骈文说"不"。以韩愈、柳宗元为代表的文人发起了"古文运动"，振兴秦汉的古典散文，既有继承，又有创新，主张文道合一，道是目的，文是手段，要求文章的内容与形式相统一，形式要为内容服务。古文即散体文，是与骈体文相对立的概念。韩愈为此立下了汗马功劳，所谓"文起八代之衰"，就是苏轼对韩愈此举的赞誉。"起"是动词，是扶振的意思，此语可理解为他的文章挽救了八代（三国、西晋、东晋、十六国、南朝、北朝、隋、唐)以来散文的衰败。待到以"唐宋八大家"为代表的古文出现之后,骈文才完全失去它的声势和地位。唐宋以后直至明清时代,虽然在公文、应酬文章等领域还有人撰写骈体文,但那已是强弩之末了。

八股文的产生和流弊

八股文,又称时文、制义或制艺、时艺、八比文,是中国古代科举制度的产物。科举始于隋唐,宋、元、明、清相继沿用。明、清两代科举考试规定所用的八股文体,源于宋元的经义,而成于明朝成化年间。今日已不需再作八股文了,但为了读懂古籍,了解八股文还是必要的。

八股文所谓的制式,即每篇大体有破题、承题、起讲、入手(领题)、起股、中股、后股、束股等八个部分。其中破题与承题是对题意的点破与发挥。从起讲到束股为议论部分,又以中股为全篇的中坚。后四部分里的每段,由两股排比对偶文字组成。八股文的字数严格限定,各部分之间相连接的词语也是固定不变的,诸如"今夫""尝思""苟其然"等,其中,"夫""思""然"都是虚词。

八股文的内容,限以"四书五经"的文句命题,四书即《大学》《中庸》《论语》《孟子》,五经即《诗经》《尚书》《礼》《乐》《春秋》,都是被古代统治者奉为经典的儒家之作;行文要求"代圣贤立言";议论或解释"四书"必须依据宋朝朱熹的《四书集注》等书,不得自由发挥,不可越雷池一步。八股文的全篇字数,清顺治初定为450字,康熙时改为550字,后又改为600字,最多不超过700

字,过多则不及格。可见,八股文形式呆板、内容贫乏,要求死记硬背、死啃书本,脱离实际,束缚人们的思想。八股文风画地为牢,长期统治了文坛,使文坛死气沉沉。

思想家、教育家陈望道对封建社会沿袭下来的八股文有过深刻的批判。他认为八股文的文字与思想之间无所谓"诚",事实与文字之间无所谓"真"。明末清初大学问家顾炎武曾沉痛地批评说:"八股文之害,甚于焚书坑儒!"他又引迟衡山的话说:"讲学问的只讲学问,不必问功名;讲功名的只讲功名,不必问学问。若是两样都要讲,弄到后来,一样都做不成。"这是对学八股文、专想做官者有力的讽刺。

八股文的套路实在太苛刻,形式死板,内容贫乏,束缚人们的思想,阻碍了社会进步。1898 年,光绪帝任用康有为、梁启超进行"戊戌变法",变法虽遭慈禧扼杀,然自 1901 年,西洋之学兴起,八股文渐废,改试"策论"。同治年间的进士张之洞曾在 1903 年的一份奏折中这样说:

> 科举一日不废,即学校一日不能大兴;士子永远无实在之学问,国家永无救时之人才;中国永远不能进于富强,即永远不能争衡于各国。

经过朝野的辩论,1905 年,清朝正式下诏废除了科举考试制度。这种通行 400 多年的八股文体,寿终正寝。

第四节　曲与联

曲与联,是另外两种诗词文体。曲,可配乐歌唱,是在中国文学的发展过程中,继唐诗、宋词之后出现的一种新的文学形式。词被称为"诗余",曲更被称为"词余","余"之又"余",格调难免更低。如果说"诗言志,词抒情",那么曲只能是"曲悲鸣"了。而联直接来源于诗句,独立成章,可展现在大庭广众之中,标新立异,彰显意境。对联配合匾额,除了美化场面、装饰环境之外,主要是发挥宣传教育的作用。上下联颇似两条宣传标语,因此有人赞美对联是"诗一般的标语,标语一般的诗"。

曲的源流

曲有南曲、北曲之分。南曲兴起于南宋,流行于浙东一带;北曲兴起于金、元,随着元统一全国,由北方流行到南方。元朝一代,是北曲盛行的时代;到了明朝,南、北曲并行于一时,后南曲盛行于全国。南、北曲同是在唐宋大曲(大型歌舞乐)、宋词、民间歌词曲调的基础上发展而来的,由于南北乡土习俗、方言语调不同,同是曲,却有了南曲、北曲之称。南曲、北曲都是配乐歌唱,南曲用五声音阶,声调柔和婉转,文字也婉约雅致,音韵以江浙语音为基准,有平、上、去、入四声,并以箫笛为主要伴奏乐器;而北曲则用七声音阶,声调刚劲质朴,文字奔放利落,音韵以中原音韵为主,无入声,以三弦、琵琶为主要伴奏乐器,故有"弦索调"之称。

曲又有戏曲(剧曲)和散曲之分。戏曲是曲进入戏剧成为唱词,配合宾白(对话为"宾",独白为"白"),有故事情节。南曲的戏曲,在南宋与元朝时称"南戏"或"戏文",以南曲主唱。北曲的"戏曲",在元朝叫"杂剧",以北曲主唱。至于散曲,是有别于戏曲而言的。散曲在北方本来只称"曲",是继诗词后独立成体的一种歌咏形式,即不入戏剧的、相当于诗词的曲。所以说,散曲应以元人北曲为主。元、明为戏曲和散曲的繁荣时期,散曲到元、明以后渐衰,戏曲则演化为后来的南北各种地方剧种。其余韵汇入舞台艺术之中。

元曲的特点

曲空前盛行于元朝,故被称为元"一代之文学"。曲在元代既继承了诗词的作用,又推动了戏剧的发展,其功能不是唐诗宋词所能及的。

元曲可以唱,其基调大多比较悲哀凄怨。从关汉卿、白朴、马致远、张可久、张养浩、乔吉等曲家的散曲中可见大概。

元代以后,曲风更凄凉,曲家凋零,渐渐只剩几声哀鸣。但是,历史上"曲"的情调,与世代唱出来的"歌"紧密相连,尤其对民间小调和唱腔影响很大。

元曲,分散曲、套曲和带过曲等几种。"散"者,零散之意。"套"是成套曲子的意思。元曲中有小令附带另一小令,或带另两首小令,叫"带过曲"。它是元曲的一种特殊形式。

小令是散曲的一种通常称呼,其实它是一种诗歌形式,是单支曲,如同一首诗、一阕词,用来抒情、写景、述志、叙事。小令是在民歌小调和说唱艺术的基础上发展而来的。从写法上看它很像词,更像现代诗,句式长短不均,字韵不如诗那么规整,用语也比较朴素率真,还可在正字之外加衬字,因而比诗词更加灵活,更加适合使用口语。蒙古族人善于骑射,是喜爱通俗歌舞的"马上民族",比起格律严谨、典雅精工的诗词,散曲小令的艺术风格自然更合乎他们的口味。于是,在蒙古统治阶级的提倡下,散曲在元朝得到了空前的发展。

元曲体制

曲,承接了词的体制,也有平仄用韵的规定。曲同词一样,有牌调,每一词调、曲调都有其字数、句数、用韵、平仄的规定。写诗,只要有诗题;填词,却得写明所取用的词牌调,加写题目;而写曲,也得写明曲的牌调,写上题目,还要注明宫调。词本来也有宫调,但宋人作品多不注明,只有少数重视声律的词家,如柳永、周邦彦、吴文英等人的作品才注明宫调。可见,曲的音乐性比词更强些。

曲和诗、词都讲究押韵,但韵的分布和用法有所不同。南、北曲是平仄通押。

诗词各有其谱,曲亦有谱,但其平仄、声调和字数的格律要比诗词的规定宽松多了。

其一,元曲平仄安排具适当的灵活性。今人所用曲谱符号不一,这里以"一"表示"平","丨"表示"仄","丅"表示"当平可仄",

"⊥"则表示"当仄可平",这种灵活变动是诗谱、词谱里所没有的。

其二,元曲字数也可以适当地调整。首先,请看《越调·天净沙》曲谱,并与著名元曲作家马致远的著名同调小令《天净沙·秋思》相对照,可见它句句相扣合:

T 一 ⊥ ｜ 一 一,	枯藤老树昏鸦,
T 一 ⊥ ｜ 一 一,	小桥流水人家,
⊥ ｜ T 一 ｜ ｜,	古道西风瘦马,
⊥ 一 一 ｜,	夕阳西下,
T 一 ⊥ ｜ 一 一。	断肠人在天涯。

再看元人张养浩的一首小令《越调·天净沙》,对照其平仄句式的格谱,便看出其宽松的趣味了,其字数明显超出了规定:

　　昨朝杨柳依依,
　　今朝雨雪霏霏,
　　社燕秋鸿忒疾,
　　若不是浊醪有味,
　　怎消磨这日月东西?

例中第四句"若不是",第五句句头的"怎"、句中的"这",都是超谱另添的,名曰"衬字"。衬字是怎么回事呢?它是在每一曲调的定格之外，不妨碍音乐节拍而可增添的少量语气词，或是描摹情态的形容词，少则一两个字，多则六七个字，可加在一曲中的某一句，亦可加在每一句；可加在句头，也可加在句中，但不能用在句末。衬字放在起拍或半拍间，不可施于歇拍，不可重唱，只是一口气轻轻带过，使之自然。

元曲品赏

　　元曲作家及名曲不少，最著名的散曲作家首推马致远，他的《天净沙·秋思》是一首著名元曲小令，寥寥数语勾画出一幅苍凉萧瑟的秋日景色和黄昏旅行图，描了天涯游子的孤苦心境。

　　元杂剧《赵氏孤儿》(作者纪君祥)是元曲中极具社会影响力的一例，这部悲壮动人的历史剧，取材于《左传》《史记》等史籍，写晋国上卿赵盾，因成为奸臣屠岸贾企图作乱的障碍，被诬陷而满门遭杀，仅逃脱一孤儿赵武。门客程婴以自己的幼儿冒充赵武，与公孙杵等共谋保护赵武。赵武长大后终于报了家仇，而程婴父子以及公孙杵都为救护赵武而壮烈牺牲。剧情传奇曲折，唱词悲壮慷慨。鉴于篇幅所限，这里只能另选几曲短篇以供欣赏。

　　一、元代无名氏《正宫·醉太平》

　　明代陈所闻辑《北宫词纪外集》，载有一支《正宫·醉太平》曲：

　　　　夺泥燕口，削铁针头，刮金佛面细搜求，无中觅有。鹌鹑嗉里寻豌豆，鹭鸶腿上劈精肉，蚊子腹内刳脂油，亏老先生下手。

这支曲无作者大名,但注明系元人所作。题为"讥贪小利者",实是讽刺封建统治者盘剥民众、搜刮民财的行径,比喻巧妙,形象生动,入木三分。其形式是三句扇面对,是元曲常用的手法,有叙有议,着力在末句,"无中觅有""亏老先生下手",干脆利落,魅力无穷,大有句完而意未尽的感觉。

这首小令,音节和谐、色彩鲜明,既有诗的深邃意境,又有画的丰富形象,自然流畅,艺术上确有独到之处。

二、关汉卿《双调·沉醉东风》

中国文学发展到元代,进入戏剧繁荣的时代。元杂剧一般由四折组成,即全剧四幕。特点是"一人主唱",即主角一唱到底。剧中所唱的就是曲。请赏吟关汉卿的散曲《双调·沉醉东风》:

> 咫尺的天南地北,霎时间月缺花飞。手执着饯行杯,眼阁着别离泪。刚道得声保重将息,痛煞煞教人舍不得。好去者,望前程万里。

"阁着"就是藏着的意思。这是一首送别曲,全曲刻画了不忍离别的难舍情景。

关汉卿是元代著名戏剧家,大都(今北京市)人,与马致远、白朴、郑光祖合称"元曲四大家"。曾任太医院尹,入元不仕,在大都的玉京书会里从事杂剧创作,亦曾粉墨登场演出。他多才多艺,琴棋歌舞诗文都很在行。他的创作以杂剧为主,作杂剧 60 多种,现存 18 种,内容多揭露当时社会的黑暗,富有现实主义精神。《感天动地窦娥冤》是其代表作,刻画了冤妇窦娥对黑暗势力的不屈抗争。此剧不仅是中国古典戏剧中非常优秀的剧目,还是一部世界闻名的杰出悲剧作品。关氏的一些作品至今被后世改编,一直在舞台演出,可见其强大生命力。

对联与诗词之缘

对联,俗称对子。对联有口头和书面两种,口头对联又叫对句,书面对联又叫联语。它是由两串等长、成文和互相对仗的汉字序列组成的文体。对联是竖写的两条长幅,分别悬挂或张贴在壁间或柱子上。诗词中原本有着对仗的联句,为了适应文坛唱和的需要,对仗工整的联语便成为一种独立体裁,这就是后来的对联。也就是说,单句是不能成联的。从唐朝开始,对联登上了文人的书案,这大概与唐朝以诗取仕的制度有关。联作为一种独立的艺术形式,发展至清朝达到高峰。

律诗中创作工整的对仗句子,本来就是文人的拿手好戏。所以说,对联作为一种独立的文体,它脱胎于律诗中的对句,是很自然的事。昔日诗词中类似的对仗语句,是诗词创作的需要,例如唐代大诗人杜甫的《绝句》:

两个黄鹂鸣翠柳,一行白鹭上青天。
窗含西岭千秋雪,门泊东吴万里船。

这首诗两两对仗。又如唐代白居易《赋得古原草送别》(节选)：

　　离离原上草,一岁一枯荣。
　　野火烧不尽,春风吹又生。

最后两句语义相承,也是对仗精准的流水对。诸如此类的诗中对句衍生为独立的对联之后,又有所发展。诗句讲平仄、韵脚,对联也有平仄、节奏的要求,上联尾字多为仄声,下联尾字必为平声,朗读起来便有了韵味。

对联与律诗的对句不尽相同之处主要在于,律诗对句的上下联只能各有一句,每句一般只能是五个字或七个字,而对联则有所变化,它的上下联可以是一句,也可以是几句乃至几十句;论字数,对联少则一个字,多则几十个字,乃至几百上千个字。例如清代道士孙髯所撰的昆明大观楼长联,共 180 字,号称"天下第一长联"。其实论字数还有比它更长的哩!清人钟云舫作成都望江楼崇丽阁长联,共 212 字。四川青城山长联有 394 字。张之洞撰屈原湘妃祠长联达 408 字,大概是真正的天下第一长联了。

律诗中的对句,上下相对的字不得重复,否则便不合律诗规范。而对联中少数虚字可以重复,只要对仗工整即可。例如,1948 年,无锡《人报》副刊登载了一副对联,全文是这样:

爱民如子,金子银子皆吾子也;

执法如山,钱山靠山其为山乎。

此联的时代背景,是解放战争最激烈的 1948 年,国民党反动派已到了山穷水尽的地步,社会混乱,国民党官员贪污成风。因此有人在报上公开以对联的形式,讽刺那些标榜公正爱民的贪官污吏,对他们挖苦得淋漓尽致。可以看到,联中"子""山"二字上下分别相对,明显是重复的,但文意十分通顺。

对联的文化功能

文人墨客以题写奇联巧对为人生一大乐事,昔日的进士、举人无不精通此道,甚至有人因一副对联而改变命运。

一、行文的特殊体裁

对联,不但可以独立书写、张贴,而且可以进入诗文,成为一种行文的特殊体裁。对仗的语句在律诗中比比皆是,昔日的骈文中更是通篇如斯。

明清长篇小说《红楼梦》《水浒传》《西游记》《三国演义》等,都是章回体,每一回都用对联做标题。例如《红楼梦》的章回标题:

第三十四回　　情中情因情感妹妹
　　　　　　　错里错以错劝哥哥
第六十二回　　憨湘云醉眠芍药裀
　　　　　　　呆香菱情解石榴裙

从这些标题联语可以看出,第三十四回写了两件事:宝玉虽挨父亲痛打却以深情感动了林妹妹;薛蟠被错怪告了宝玉,而宝钗以错劝慰哥哥。第六十二回也写了两件事:湘云醉卧,香菱斗草。

元代诗文远不如宋代,对联也较宋代受到冷落,但以杂剧为标志的戏剧空前繁荣。有趣的是,杂剧的结尾常常用对联的形式点出"题目"和"正名"。例如关汉卿的《救风尘》一剧,在结尾时写道:

题目　安秀才花柳成花烛
正名　赵盼儿风月救风尘

很明显,这正是一副对仗工整的好对联!

二、祈祥祝福,春联贺岁

新年张贴春联这一习俗在宋代已相当普遍。当时的春联,虽普遍用纸张书写,但仍称"桃符"。赵庚夫在他的《除夕即事》诗中这样写道:"桃符诗句好,恐动往来人。"说明当时的春联已很成熟,联语的诗情画意很能打动来往的看客。

直到明朝,桃符改称春联,一直沿用至今。

三、陶冶情操,传递情感

历代文人多借用诗歌、散文直抒情怀,或借古喻今,或托物言志,以发真善美之心声。自从对联面世,中国文人士大夫们庆幸找到了一种简洁的文学形式,吟出了大量修身、养性、治学、言志、咏物、祝福的对联佳作。

四、交际应答,人情往来

应答联在楹坛中较多见,它与诗歌应答唱和一样,引发众多文人墨客的浓厚兴趣。因而吟诗联对一时成了文坛的风尚,文人相逢聚会都以此娱乐,并以此彰显各自的文才。好友相聚,酒酣耳热之际,一问一答的联语,寻胜探幽,可添酒兴乐趣。朋友答对可互见情操,陌生人答对可借此相识,少年答对可见其聪慧,知己答对可增进友谊。

社交往来,如婚庆祝贺,或生日祝寿,或丧老吊挽,也都会用上对联。

五、启迪教化,鞭挞丑恶

中国传统文化是融文学和哲学为一体的,具有一定的说理和教化作用。对联也是如此,一副好的对联往往使人头脑清醒,茅塞顿开。

时代发展推动了对联的成熟,其功能更加丰富。它由抒情而逐渐成为教化的工具:讽刺时弊,启迪世人,鞭挞丑恶,广告宣传,不一而足。清代是对联最繁荣时期,其艺术水平和内容深度都是前所未有的,出现了不少脍炙人口的名联佳对。如有这样一副揭示人生哲理的联语:

读书好,耕田好,学好便好;

创业难,守成难,知难不难。

　　诸如此类,鼓励耕读创业,知难而进。除了教育子孙后代,也教化世人。

　　随着对联在社会文化生活中的广泛应用,千百年来,从家庭到学堂都非常重视孩童学习"对对子",这方面内容在古代小说中有不少生动的描述。《红楼梦》里的塾师贾代儒,一次布置给学生的课堂作业,就是一句七言上联。在《大观园试才题对额》一回里,贾政也是通过"对对子"考察宝玉的。

　　旧时学堂把学诗词、学对联列为必修课,因此古代文人无一不会吟诗对对。就说大名鼎鼎的宋代文学家苏东坡,幼时就给自家撰写了一副门联:

　　识遍天下字,读尽人间书。

　　有位耄耋老人看了此联,知道是个毛头孩子的大作,觉得小小年纪竟有此等抱负,人小口气大,可嘉可喜,便拿出一本书向他"请教"。书上有些难字、生僻字,苏东坡并不认识,一时尴尬,老人笑笑便走了。苏东坡明白了这是老人告诫他不要太狂妄,要虚心学习。于是他立马将门联改成:

　　发愤识遍天下字,立志读尽人间书。

小小的苏东坡便深明事理,又把对联改得如此之好,有深刻的教化意义,实在是超凡的人才。

六、宣传表彰,鼓励先进

对联作为一种文体,自古常常用作宣传表彰,历代朝廷和帝王经常将之作为赏赐品。因为对联的品位高雅,可以张挂在最显眼的处所,便于宣传张扬。

时至今日,对联用作奖品仍不失为时尚。2015 年 5 月,在中央电视台表彰"时代楷模"的大典上,除了朗诵贺词,还颁赠名家撰作的对联,场面热烈而隆重。

对联的创作手法

对联之所以有着极其强大的生命力,是因为它具有独特的实用性,它比诗歌有更广泛的实用价值。对联的创作方法很多,可宽可严,可长可短,形式多样。不论何种形式,传统意义上的对联创作有其规律,除了要有上下两联,彼此字数相等、句式相似、节奏一致、内容相关、上下衔接之外,关键还有两条:一是声律,二是对仗。在此借用茅盾先生对杭州西湖西泠桥畔苏小小墓前的一副对联所作的评论。这副对联是这样的:

湖山此地曾埋玉,风月其人可铸金。

茅盾先生称赞这副对联对仗,他说:"对得真好!虚的对实的,对得非常自然。天、地、人谓之三才,以'地'对'人'对得妙;

'此地''其人',对得通俗流畅。副词如'曾'对'可',又对得十分朴素而自然。"简言之,就是上下联的词语严密对应。

对联的创作,通常有以下几个要求:

一、平仄结合,音调和谐

在一副对联中,并非每一个字都讲究平仄声律,只是每个词的尾字,即单字词的要讲;两字词的,只讲后一个字;三字词的,也只讲最后一个字;四字以上的词按一或二词等组合算。归纳而言,记住一个口诀:一联之内,平仄相间;上下两联间,平仄相对;上联仄尾,下联平尾。

汉语的音调全靠平仄相间来调动,才能变得抑扬顿挫、婉转动听。一副对联只有平仄相对,吟诵起来才富有音乐的美感。

二、词性相对,句式相同

对仗是对联的基本特征。对仗的要点是词类要相同,词性要相对。所谓词性相对,就是虚对虚、实对实,也就是名词对名词、形容词对形容词、副词对副词、数量词对数量词。这些相对的词必须分别在上下联的相同位置上,使句式相同。例如:

水清芳草茂,山碧彩云归。

"水清"对"山碧","芳草"对"彩云","茂"对"归",这些相对的词的词性都是相同的,使这副楹联对仗工整。如果变换成"清水茂芳草,山碧云彩归",看似词句依然优美,上下句的字数仍然相等,但因对仗紊乱,节奏无存,故已失去对联的意义。

对联的类型

从古至今,对联的种类很多,以下仅举数例。

一、无情对

无情对又叫羊角对,只求上下联的文字在平仄、对仗上相切合,字字对仗,越工整越好,上下句的内容可以毫不相干。其特点可用《清稗类钞·流水联》中的话来表述,就是"仅对字面,而命意绝不相同者"。例如:

太傅马甲,宫保鸡丁。

此联字字对仗工整,上联说"马甲",下联说的却是"鸡丁",风马牛不相及,是最经典的无情对。

二、流水对

流水对又叫串对,就是一个意思分两句来说,上下联内容顺承,下联是上联意思的继续和补充,同时深化上联所要表现的主题。上下联一般都有因果、连贯、条件、假设等关系。伟人邓小平早年在军中为战士题写了一副对联,即采用流水对的形式:

列为无产者,宁不革命乎?

此联是上下贯通一气的,意思是:诸位都是无产者,甘愿不革命吗?作者运用反问句,以询问的形式表示肯定的答案。全联仅十个字,却在联中巧妙地嵌进了"列宁"二字,词义语法精准,政治性强,充分表现出作者文化积淀深厚,具有远大的理想和坚定的信念。

三、回文对

回文对是另一种上下联串读的对联。回文又称回环,是词序可回环往复的一种修辞方法。回文联有三种不同的写法:

一是上联可倒转作下联,虽上下对仗,但含义变异。例如:

人过大佛寺,寺佛大过人。

二是上下联顺逆一致,反读倒读都还是同一句话。例如:

处处红花红处处,重重绿树绿重重。

三是上下联可分别倒读,且彼此可颠倒互换,例如:

禽鸣听耳悦,鲤跃视神怡。

显而易见,回文联不论是哪一种,都充满趣味性和游戏性。回文联的形成,无疑是由于单体汉字可自由承接组合的特点,实乃妙趣横生。如:

客上天然居,居然天上客;

僧游云隐寺,寺隐云游僧。

　　真似行云层卷,海浪逐叠,空谷传响,弦外回音!

　　四、当句对

　　当句对是一种句中自对的手法,故又称自对。它不仅上下联相对仗,而且上联和下联自身也分别存在对仗。例如岳飞墓联:

　　　正邪自古同冰炭,毁誉于今辨伪真。

　　全联在上下句对仗的同时,上联中的"正"与"邪"、"冰"与"炭"自对,下联中的"毁"与"誉"、"伪"与"真"自对。

　　五、集句对

　　集句对是一种特殊的创作手法。"集"在此作"集合""聚集"解。它是从古今文人的诗词、赋、碑帖等经典作品中,分别选取两个有关联的句子,按照对联的声律、对仗、平仄等要求组成上下联,既保留原文的词句,又浑然天成,另出新意,给人一种"青出于蓝而胜于蓝"的艺术感染力。

　　集句联的功效与众不同,它可以让读者在读联受启迪的同时,还自然联想到所集的原作,无形中给人提供了更广的知识空间,扩大了文化视野,增长了见识。

　　清代端方选集唐代李商隐、宋代苏东坡诗词名句,题江苏镇江的焦山夕阳楼楹联:

夕阳无限好,高处不胜寒。

又如集合毛泽东词句和周恩来诗句而成的一副楹联:

不到长城非好汉,难酬蹈海亦英雄。

此联的音律、对仗都十分贴切自然,而且情意贯通,浑然一体,体现了共产党人的革命情操。再如梁章钜因编《沧浪亭志》而创作的集句联:

清风明月本无价,近水远山皆有情。

上联是欧阳修句,下联是苏舜钦句,都是说沧浪亭本事。此联用的是反义词,"有"对"无","皆有情"对"本无价",形成反对的性质。"有情"与"无价"对比强烈,体现了作者的高尚情操。

湖南岳麓山的岳麓书院系中国古代四大书院之一。该书院正门就悬挂着一副经典楹联:

惟楚有材,于斯为盛。

此联虽短,但含义深长。意思是楚地人才辈出,我们岳麓书院更是人才济济。上联典出《左传》,下联典出《论语》,名联由此而成。

六、嵌字对

嵌字对又叫镶嵌联，它是在对联中嵌入序数、年号、姓氏、人名、地名、物名等。因镶嵌的内容不同，有数嵌、人名嵌等；因镶嵌的形式不同，有首嵌、腹嵌、尾嵌、插嵌、递嵌等。例如：

前年杀吴禄贞，去年杀张振武，今年杀宋教仁；
你说是应桂馨，他说是洪述祖，我说是袁世凯。

这副嵌字联是章太炎先生的大作，他目睹北洋大军阀袁世凯篡政后，对辛亥革命党人残酷镇压，故深感愤慨。全联巧妙地嵌入了六个人的名字，把最典型的历史事件贯穿在对联中，构思精巧，别出心裁，使袁世凯的反革命嘴脸暴露在大庭广众之下。这既是人名嵌，又是尾嵌。

凡有规则地插入联中的字词，叫插嵌，例如：

顺天心，康民物，雍和其德，乾健其身，嘉惠普群生，道统昭羲农尧舜；
治功懋，熙绩勋，正直在朝，隆平在野，庆云辉五色，光华联日月星辰。

此联可将上下联每句的头一个字连读，恰巧是清朝自开国到道光六个皇帝，即顺治、康熙、雍正、乾隆、嘉庆、道光的年号，这就是插嵌。

七、顶真对

顶真对是前一个分句的尾字作为后一个分句的首字,这种创联手法也算是一种特殊形式的叠字联。例如:

水面冻冰冰积雪,雪上加重霜;
空中腾雾雾成云,云开见太阳。

这副顶真联,传说是一个"案犯"对清官程襄毅的赞美之词。话说某书生贫病交加,又被陷害入狱。过堂时要他招供,书生有气无力,一言难发,只写了一句话作供词,就是这副顶真联的上句,意思是说蒙受的冤屈一言难尽。审案者正是清官程襄毅,一见这句话,便知此人并非一般书生,必定有才,再看他如此惨状,心生疑惑。他详查后发现这果然是一桩冤案,于是宣判,将书生无罪释放。书生十分感激,就在大堂上高声续了原供词的下句,便是那下联。

四川成都曾有一家酒楼门联,是一副上好的顶真对:

为名忙,为利忙,忙中偷闲,饮杯茶去;
劳力苦,劳心苦,苦中作乐,拿壶酒来。

联语近乎白话,浑然天成,针对性强,以人间苦乐说教,有商业招揽情趣。

八、音韵对

音韵对指联中同音异字、同字异音或叠韵等。例如：

　　童子打桐子,桐子落,童子乐;

　　丫头啃鸭头,鸭头咸,丫头嫌。

　　联中的"童"与"桐"、"落"与"乐"、"丫"与"鸭"、"咸"与"嫌"都是同音异字,颇显奇趣。

　　音韵联自古多为谐音用字,它利用一字多音或同音不同义的汉字特点,使一联语同时涉及两件事,一语双关。例如：

　　灯笼笼灯,纸壳原来为防风;

　　鼓架架鼓,陈皮不能敲半下。

　　此联原为古代药店楹联,它利用谐音隐含着药名,"纸"谐音"枳","下"谐音"夏",这样全联隐含着"枳壳""防风""陈皮""半夏"四味中药。好一则中药材广告,妙!

九、数字对

　　数字本身虽很单调、乏味,但在对联里用好了,会产生奇趣。例如：

　　虎贲三千,直抵幽燕之地;

　　龙飞九五,重开尧舜之天。

此联是红巾军起义的旗语,它反映出红巾军浩大的声势和所向无敌的气概,由于书写在旗帜上,影响很大。"三千"和"九五"的数字,本很寻常,可组成"虎贲三千"和"飞龙九五"就是"三千大军"和"九五之尊"的意思了。到了明代中叶,刘六、刘七起义时,仍启用了此联,只改用了"混沌"二字,即"虎贲三千,直抵幽燕之地;龙飞九五,重开混沌之天"。清末太平天国起义军占领南京后,在龙凤殿的两边柱子上又见到了这副楹联的身影,不过还是红巾军时用的原文。这副数字联被反复利用,可见它何等受青睐!

南阳武侯祠有一副著名的楹联,用数字对诸葛亮的一生进行了高度的概括:

收二川,摆八阵,七擒六出,五丈原设四十九盏明灯,一心只为酬三顾;

取西蜀,定南蛮,东和北拒,中军帐按金木土爻神卦,水面偏能用火攻。

上联里的数字从一至十皆用遍,既无遗漏,也不重复,以此介绍诸葛亮的事迹毫不牵强。

十、方位对

方位就是东、西、南、北四方。引入方位的对联很多,显得格外有趣。昔日不少酒馆挂有一副楹联:

酿春夏秋冬美酒,醉东西南北客人。

据传,乾隆皇帝当年出游江南,路过江苏南通时,想到大运河的北头也有个通州,便心血来潮以"南通"为题吟出上联,随行人员中的官员纪晓岚才思敏捷,立马对出了下联:

南通州,北通州,南北通州通南北;
东当铺,西当铺,东西当铺当东西。

清代文学家吴敬梓在小说《儒林外史》中,也以"东南西北"写了一副对联:

两间东倒西歪屋,一个南通北达人。

此联表达的是故事人物及其处境,为故事情节所需要。

第五节　传说与寓言

传说和寓言源自古人的口头创作,口口相传,在内容和表现方式上有着千丝万缕的联系。在长期的流传过程中,寓言逐渐成为一种独立的文学体裁。古代传说起源于神话,所以神话、传说难以分割。

神话、传说是古人的思维与智慧。借"神"说事，是古代作家的巧妙手法，故神话在一些旧小说中屡见不鲜。例如《红楼梦》第一回，"甄士隐梦幻识通灵"的情节，就是借神话"女娲补天"开头的。说那女娲炼石补天之时，用了36500块顽石，单单剩下1块未用，弃在青埂峰下。谁知此石自炼而通灵性，可大可小，见众石俱得补天，独自无才未能入选，遂自愧而悲哀。一日，有一僧一道远远到来，席地而坐，见这莹润如扇坠的小石头，便托于掌中，笑道："形体倒也是个灵物了！"石头听了大喜，居然发声与僧、道对起话来……这便是《红楼梦》原名《石头记》的缘起。神话情节在《红楼梦》中多处出现，这应该是作者借此假托，便于讲故事吧。

传说究竟是个甚

传说，是从神话演化而来的。它通过幻想对过去的历史故事进行加工，使它充实和扩大，并长期流传下来。传说不同于神话，它们的区别可归纳为三点：

一是神话以纯粹幻想的形式反映现实，而传说则淘汰了想象的部分，使之更富有社会性和现实性。传说并非幻想的产物，而是对一定的历史事实进行了夸张和补充。例如"大禹治水"的传说故事，就是有史实背景的。

二是神话的主角是神，传说的主角是人，或半神半人。像"大禹治水"中的大禹，就是被神化了的人，因为确有大禹其人，只是传说中其拥有了近于神的才能和威力。

三是传说有生动曲折的故事情节，人物性格比较鲜明，在这方面,神话是欠缺的。传说接近于短篇小说,有完整的故事,有人物性格的塑造,等等,只是在高度典型化和细节的描写方面有所欠缺。例如传说《羿射十日》中,后羿的性格已较鲜明,后来在《嫦娥奔月》中,其性格更为鲜明突出。

神话和传说的区别是相对的,它们之间没有截然的分界线,所以有人认为《羿射十日》是传说,也有人把它看作神话。因为它们之间的界限难以划清,所以长期以来有人干脆把神话和传说相提并论。

传说的类型很多,有人物传说、历史传说、地方风俗传说、生物传说等。我国民间的传说故事有很多,内容十分丰富,其中较著名的传说有《牛郎织女》《孟姜女哭长城》《梁山伯与祝英台》《白蛇传》等,它们流传地域广,影响较大,故合称"中国四大民间爱情传说",它们反映了人间的美好与真情。此外,还有一些传说是关于历史上农民起义和近现代革命的故事,例如《李闯王》《贺龙一把菜刀闹革命》等,都有不同的教育意义。

寓言的源头

寓言起源于民间,是从动物故事发展变化而来的。我国春秋战国年代是寓言文学最发达的时期,庄子就是先秦作家中最善于运用寓言的大师,他创作的寓言,一部分与《孟子》一样,只作为著述论据而存在,如《朝三暮四》《庖丁解牛》等。在《庄子》《列子》《韩非子》《晏子春秋》等书中,有着大量的寓言故事。韩非子是先秦的另一位善于写寓言的作家,脍炙人口的《守株待兔》《郑人买履》《自相矛盾》《滥竽充数》等寓言,都出自《韩非子》。还有《列子》里的《疑人偷斧》《纪昌学箭》等,《吕氏春秋》里的《掩耳盗铃》《刻舟求剑》等,《左传》里的《唇亡齿寒》等,《战国策》里的《鹬蚌相争》《画蛇添足》等,都是含蓄幽默、形象生动、意蕴深厚、耐人寻味的寓言名篇。古代的许多寓言故事世代相传,至今还活在我们的口头语言中。《滥竽充数》《画蛇添足》《买椟还珠》等寓言,是我国古代寓言中的精品。

春秋战国时代的寓言有具体形象的描绘,有一定的故事情节,有富于个性的对话,这些都直接启发了后代小说的产生。像《韩非子》里记载的许多民间寓言故事,可以说是小说的萌芽;《庄子》里记述的许多鬼怪异事类寓言,可谓魏晋南北朝时期志怪小说的鼻祖。从这个意义上说,后世小说作品的兴起,便是对春秋战国时的寓言的演绎和发展。

唐宋时代经济繁荣,寓言创作呈现了可喜的新气象。例如唐代房玄龄的《杯弓蛇影》、柳宗元的《黔之驴》、宋代欧阳修的《卖油翁》、苏轼的《日喻》等,都是脍炙人口的寓言精品。

明清时代,封建制度逐渐没落,资本主义开始萌芽,寓言文学也大放异彩,呈现一派欣欣向荣的景象。例如刘基的《郁离子》、宋濂的《燕书》、江盈科的《雪涛小说》,还有冯梦龙的《广笑府》和《古今谭概》中的寓言等,都是明清时期寓言的代表作,数量之多,内容之丰富,超过此前任何一个时期。

寓言的概念

寓言是一种特殊文体,它是隐含着讽喻意义的小故事。"寓"

的意思是寄托，"寓言"就是寄托之言语。这就是说，把一个深刻的道理寄托在精练生动的故事情节中，意旨并不明说，让读者去领悟。所以说，寓言也是一种隐言。

寓言把饱含人生经验的哲理埋藏在一个个生动活泼、充满趣味的小故事里，让你读罢故事，不经意间受到了熏陶，领悟了意图，得到了教益。因此有人说：

> 寓言是一个怪物，当它朝你走来的时候，分明是一个故事，生动活泼。而当它转身要走开的时候，却突然变成一个哲理，严肃认真。

寓言真是一个性格内向的"怪物"！作家严文井曾经形象地说：

> 寓言是一个魔袋，袋子很小，却能从里面取出很多东西来，甚至能取出比袋子大得多的东西。

严先生比喻得真巧妙！从这"魔袋"里取出来的"东西"，指的便是寓言所蕴含的教育意义。

寓言是一种很有特色的文体，主要表现在三个方面：

一、隐喻是寓言的根本

凡寓言都有比喻的性质，它往往借此喻彼、借远喻近、借古喻今、借小喻大，让深刻的道理通过生动的故事体现出来。例如，战国时代的思想家、散文家韩非子,写文章喜欢运用许多寓言故事,或用来说理,或用来讽刺,不仅加强了文章的说服力,而且增添了形象性。可以说,韩非子有些文章几乎就是用寓言故事撰写的论文。他写的《滥竽充数》这篇寓言,用来讽喻那些不学无术的人冒充有本领的人,或用假货冒充真货。韩非子的寓言,说出别人不能说、不敢说、不愿说的道理,通俗而又入木三分。

脍炙人口的文言小说集《聊斋志异》,是蒲松龄耗费了一生心血的杰作。与其说它是描写鬼神狐仙的志怪小说,不如说它是一种愤世寓言。蒲松龄在《聊斋志异》的自序里这样说:"浮白载笔,仅成孤愤之书。寄托如此,亦足悲矣!"我们说《聊斋志异》是寓言,正是它用了隐喻的手法,写了别人想写而又不敢写的东西,让读者去猜想、去感悟故事的真谛。

二、寓言善用拟人手法

寓言把事物人格化,赋予它们以人的思想和性格,这一点和童话是相似的。寓言采用拟人手法,可以概括某一典型性格或象征人类社会某一观念。中外寓言都有这一特点,如《狼和小羊》中的"狼"概括了一切恶人的豺狼本性,而且他们的本性是不会改变的。这便是动植物和一切非生命事物的"物性"。

笔者早年亦用拟人手法写过几则寓言,例如《烂木头探海》,"烂木头"轻浮,不能沉下海底,只能漂在水面,它还自信地断定:"大海并不深嘛!"隐喻某些人不深入基层,当然不知民情民生!再如《根叶论战》,是写一株特别高大的桂树,枝繁叶茂,秋天满树金黄,桂花飘香,人见人夸。不料在荣耀之下,"叶"与"根"斗起嘴来,各夸自己的供养功劳,争论不休,直至赌气怠工,致使桂树枯萎。此寓言隐喻某些部门不协作,各强调自己的作用与功绩,因此闹意气而相互推诿,结果把事情办砸,甚至使部门懒散直至垮塌。

三、寓言有强烈的夸张和讽刺意味

寓言采用夸张的手法,把人物和事件、普通的观念和现象夸张到非一般的程度,从而烘托出一个鲜明的形象,并深刻地揭露其本质特征,达到劝诫的目的。"揭发伏藏,显其弊恶"是寓言的独特性。例如《猫祝鼠寿》嘲笑了伪善者的虚情假意;《强取人衣》揭示出世上恶人的巧取豪夺和极端残忍的恶行;在《农夫和蛇》中,农夫可怜受冻的蛇,"就解开自己的衣服,把它放在怀里",把农夫善良的品质加以突出和夸张,夸张是为了对农夫愚蠢的善良进行讽刺和嘲弄,又能使人看出蛇的凶恶,从而使读者猛醒,更容易接受其中所"寓"的教训。

经典寓言品读

古代许多经典寓言是优秀传统文化的精髓。它们产生的时间比戏剧、小说都早。春秋战国是寓言文学兴盛的黄金时代。当时生产力得到空前发展,学术思想异常活跃,形成了"百家争鸣"的繁荣局面。《中国古代寓言故事》一书选录了上百个寓言故事,都是寓言精品,不妨品赏几则。

一、鹬蚌相争,渔翁得利

一只蚌正张开两壳晒太阳,鹬飞过来,伸出长长的嘴巴来啄

110

食它的肉。蚌一下子合住双壳,把鹬的嘴紧紧地夹住了。鹬对蚌说:"今天不下雨,明天不下雨,就会把你干死!"蚌对鹬说:"今天不放你,明天不放你,就会把你饿死!"它们两个各不相让,谁也不肯放过谁。这时,一个渔翁走过来,一下子把它们都捉走了。

这个寓言故事告诉人们,不讲策略、各不相让所造成的后果。它发人深省,给人以理性的启迪。

二、螳螂捕蝉,黄雀在后

园中有一棵榆树,树上有一只知了。知了鼓动翅膀悲切地鸣叫着,准备吮吸一些清凉的露水,却不知道有只螳螂正在它的背后。螳螂伸出两只像砍刀一样的前臂,打算把知了逮住吃掉。它正要捉知了的时候,却不知道黄雀就在它的后面。黄雀伸长脖子想吃掉螳螂,却不知道榆树下面有个拿着弹弓的小孩,一心想射杀黄雀。小孩不知道其前面有个深坑,身后还有个树桩子……

故事警示人们不能只贪图眼前的利益,目光短浅,而不顾及身后隐存着的祸害。

四、疑邻窃斧

人有亡斧者,意其邻之子。视其行步,窃斧也;颜色,窃斧也;言语,窃斧也;动作态度,无为而不窃斧也。俄而抇于谷而得其斧,他日复见其邻人之子,动作态度,无似窃斧者。

文中的"亡"意为丢失,"意"为怀疑,"颜色"指面部的神色,

"扣"是挖掘,"谷"为山沟。这篇文言文译成白话,是说有人丢失了斧头,他怀疑邻家儿子是偷斧头的人。观察他走路的样子,像是偷斧头的;看他脸上的表情,也像是偷斧头的;听他言谈话语,更像是偷斧头的;这个"邻之子"的言行举止,没有一样不像偷斧头的。时隔不久,丢斧头的人在山沟里挖地时,意外地挖出了那把斧头,过几天再看邻家的儿子,他的一言一行、一举一动,都不像偷斧头的人了。

这篇寓言让人感悟到:主观成见往往是认识客观真理的障碍。当你带着成见去观察世界时,很容易歪曲客观事物的本来面目。所以,遇到疑难问题切忌主观臆断,应当先行调查研究,再做判断,切不可毫无根据地胡乱猜疑。

五、朝三暮四

这个故事说的是宋国有个喜欢猴子的老人,养了一大群猕猴,他能懂猴们的心意,猴们也很了解那老人的心思。老人宁可减少一家老小的口粮,也要尽可能地满足猴们的食欲。但是不久,家里严重缺粮了,老人想要限制猴们吃橡栗的数量,又怕猴们生气不再听从自己,就先骗猴们:"我给你们的橡栗,早上三颗,晚上四颗,这样够吗?"猴们一听很生气,都恼怒地跳了起来。过了一会儿,老人又说:"这样吧,我给你们的橡栗,早上四颗,晚上三颗,这样够了吧?"猴们一听都很开心地趴下了,个个很高兴,对老人服服帖帖。

这则寓言告诉人们,要善于透过现象看清本质。

第六节　书信与日记

　　书信和日记也是古老的文体吗？是的,古代科技不发达,交流信息的手段落后,书信作为实用工具,很受人们的喜爱。现今保存下来的比较早的书信,是《左传》《战国策》《史记》等史书记载的春秋战国时代的信件,例如郑子家与赵宣子书、乐毅报燕惠王书、鲁仲连遗燕将书等,都是历来传诵的名篇。由于当时列国纷争,政在诸侯,故书信中多为贵族士大夫彼此谈论军国大事的内容。

　　古时只能托人带信,或差专人送达,公函文件可用快马经驿站专送。经考古研究认定,甘肃敦煌的汉朝悬泉置遗址是我国河西走廊要道上一处最早的汉朝邮驿机构,是一个相当于邮政局的遗址,在此出土的一封帛书也成为我国目前已知保存最完整的个人书信文物。可见古人书信传递之不易。

　　古人把信件称为"书",又称"简""笺""牍""札""素"等。昔日因无纸可用,古人只得把信件写在竹片、木板或丝绸上。"简"也写作"柬",是竹片;"笺"是小竹片;"牍"是木片;"札"是小木板;"素"是白色的绢。这些用以写信的材料,都成了信件的代称,"手札"即源于此。至于"尺牍""尺素"也是信件的代名词,因为用来写信的木板和白绢的长度都在一尺上下,故名之。

　　古人也喜欢写日记,但很少称为"日记",往往以"记、纪、录、志"等字词出现,有"日录""日历""日谱""日志""日谈""日注"

"计日"等不同说法。据扬州邗江胡场五号墓的出土报道，汉代王奉世"日记牍"，可算是迄今有具体主人的最早日记。

书信的功能

古代人们只能用书信交流思想、传递信息，将亲情、友情和爱情，甚或民情、行情和军情，都寄托在书信中。

古今有名气的书信很多，东汉李固的《遗黄琼书》、三国曹丕的《与吴质书》、唐代王维的《山中与裴秀才迪书》、宋代王安石的《答司马谏议书》、明代袁宏道的《与丘长孺书》、清代郑燮的《范县署中寄舍弟墨第四书》等，都是名篇。近现代的书信中，名人家书、烈士遗书、官员关注民生的信函等，不计其数。2018年春天，中央电视台大型人文艺术类节目《信·中国》开播，写信人是动荡岁月的仁人志士，读信人声情并茂，听信人被一封封旧信打动，潸然泪下，唏嘘不已。节目以读信的方式，让人们感悟到了一种信仰的温度。在战斗间隙，黄继光致信母亲"目前虽然有些许困难，请母亲不要忧愁"；纵然率领千军万马，朱德元帅却"十数年实无一钱"，致歉妻子"家中支持当赖你奋斗"；林觉民、瞿秋白、方志敏等许多革命志士在狱中不忘初心，面对敌人威逼利诱，"信念决不回头"。人是要有一点精神的，一个国家、一个民族更是如此。《信·中国》以"信"为载体，传递着"信仰、信念、信守、自信"的大义，其所激起的热烈反响表明，对祖国的热爱、对英雄的崇敬已深深植根于中国人的心底。

中国共产党在领导中国革命的历程中，与民众血肉与共，重视群众的呼声,党的老一辈领导人无不亲自处理群众来信,形成一种革命传统。直至新时代的今天,认真处理群众来信仍为政府的一种工作制度。

现今网络技术发达,电话、短信、微信的使用使信息传播非常方便,甚至还有视频可见,有声有色,手写书信再交邮寄难免麻烦。但书信的交流方式仍不可绝对全无,有时还非要不可,白纸黑字,立此存照。"见字如面"的情感别有意味,因此大有人说"舍不下书信"。

名人书信品读

古往今来,沧海桑田,一些名人书信永留世人的心间,滋养着人们的灵魂。现不妨选读近现代几封值得一读的书信。

一、辛亥烈士林觉民《与妻书》

林觉民早年留学日本,攻读文学、哲学,积极参加孙中山、黄兴领导的民主革命活动。1911年广州起义前夕,他由日本返回香港,筹划起义,同年参加广州起义,受伤被捕。刑讯时他慷慨陈词,宣传革命思想,痛斥清政府,不久英勇就义,为广州黄花岗七十二烈士之一。

《与妻书》是林觉民在广州起义前夕写给妻子的一封绝笔书。他在这封信中边诉边泣,表现了杀身成仁、舍生取义的革命精神。绝笔书写道:

意映卿卿如晤:

吾今以此书与汝永别矣！吾作此书时，尚是世中一人；汝看此书时，吾已成为阴间一鬼。吾作此书，泪珠和笔墨齐下，不能竟书而欲搁笔，又恐汝不察吾衷，谓吾忍舍汝而死，谓吾不知汝之不欲吾死也，故遂忍悲为汝言之。

吾至爱汝，即此爱汝一念，使吾勇于就死也。吾自遇汝以来，常愿天下有情人都成眷属；然遍地腥云，满街狼犬，称心快意，几家能够？司马青衫，吾不能学太上之忘情也。语云：仁者"老吾老，以及人之老；幼吾幼，以及人之幼"。吾充吾爱汝之心，助天下人爱其所爱，所以敢先汝而死，不顾汝也。汝体吾此心，于啼泣之余，亦以天下人为念，当亦乐牺牲吾身与汝身之福利，为天下人谋永福也。汝其勿悲！

……

吾平生未尝以吾所志语汝，是吾不是处；然语之，又恐汝日日为吾担忧。吾牺牲百死而不辞，而使汝担忧，的的非吾所忍。吾爱汝至，所以为汝谋者惟恐未尽。汝幸而偶我，又何不幸而生今日之中国！吾幸而得汝，又何不幸而生今日之中国！卒不忍独善其身。嗟夫！巾短情长，所未尽者，尚有万千，汝可以模拟得之。吾今不能见汝矣！汝不能舍吾，其时时于梦中得我乎？一恸！

辛未三月廿六夜四鼓，意洞手书。

家中诸母皆通文，有不解处，望请其指教，当尽吾意为幸。

信的抬头"意映",是林觉民妻子的名字。这封《与妻书》,篇幅很长,字字句句都是血和泪,感人至深,令人动容和敬仰。

二、傅雷《傅雷家书》

傅雷是我国知名的翻译大家,有着不同寻常的经历与艰辛的付出,对世事有高于常人的视野和领悟。《傅雷家书》是傅雷先生教子的名篇杰作。就以爱情而言,傅雷曾对儿子这样写道:

> 对终身伴侣的要求,正如对人生的一切要求一样,不要太苛刻,我觉得最主要的还是本质的善良、天性的温厚、开阔的胸襟。

对于生活的安排,傅雷对儿子这样写道:

> 古往今来,艺术家多半不会生活,这不是他们的光荣,而是他们的失败。失败的原因并非真的对现实生活太笨拙,而是不去注意,不下决心。因为我所谓"会生活",不是指发财、剥削人或是啬刻,做守财奴,而是指生活有条理,收支相抵而略有剩余。……
>
> 我们的朋友中颇有收入很少而生活并不太坏的,对外也不显得鄙吝或寒酸,你周围想必也有这种人,你观察观察学学他们,岂不是好?而且他们除了处处多讲理性,善于克制以外,也并无别的诀窍。
>
> 我们这种人,为了更好地从事艺术与学问,也不能不好

117

好地安排物质生活;光是瞧不起金钱,一切取消极态度,早晚要影响你的人生最高目标——艺术!

从这封家书可见,傅雷先生教育儿子并不一味说教,就以对生活而言也是实事求是的。读《傅雷家书》,大家一定会感到颇有收获。著名作家金庸先生评论说:"傅雷先生的家书,是一位中国君子教他的孩子如何做一个真正的中国君子。"这句评语像绕口令,却很中肯,意味深长,一语道破中国人的正直精神。

日记不可丢

顾名思义,日记就是天天记。它作为一种常见的应用文体,历史悠久,据考古,早在西汉就有了日记牍。日记演进到现代,没有固定的格式,但一般都要记录时间、地点和天气,记录当天发生的比较特别的事,要真实具体,也可发议论、谈思想、记感悟,有话则长,无话则短。如今通信发达,坚持提笔写日记的人似乎越来越少了。因此,有人呼唤"日记不能丢,应该倡导发挥它应有的功能"。

日记的功用,除了帮助记忆之外,还有抒发情感的作用,更有练习写作的功能。昔日文人或稍有一些文化的人,如商贾之辈,都因实际需要而写日记。大凡能坚持写日记的人,似乎都是处世细心、办事严谨者。人们感到日记有用,所以昔日的私塾和新式学堂,老师大都像教作文一样地教学生写日记。

长期以来,还有一些特殊人群因为工作需要坚持写日记,例如记者日记、律师日记、旅游日记、战地日记、地质日记、外交官日记、支教日记等。古代苏轼、袁枚等人，他们的传世笔记作品，大多就是在日记资料的基础上撰写而成的。而现代，胡适、鲁迅、谢觉哉、钱玄同、叶圣陶、竺可桢、朱自清、冼星海等诸多名人都有记日记的良好习惯。当代名人日记影响力最大的，莫过于《雷锋日记》了。雷锋是处处做好事、助人为乐的时代楷模，他的日记反映了他爱党、爱国、爱人民、爱社会主义的崇高思想境界，这份珍贵的日记已成为国人的精神财富。

日记的功能实在太多了，年少者练习写日记有助于学习和成长，成年人坚持写日记有助于督促工作，老年人记日记有助于养生，有利于健康长寿。

日记的历史价值

围绕近现代海量日记的文献资料，学界兴起了与之相关的文史研究。2018 年 8 月下旬，南京大学文学院与凤凰出版社合办的"微观史、中心与边缘：日记与近代文史之学的拓展"活动在南京大学召开。最新出版的《中国近现代稀见史料丛刊》第 5 辑在会上亮相，其中包括《袁昶日记》《有泰日记》等珍稀史料 14 种 20 册。大量的近代日记，不仅更深更细地提升了人们对清代政局的认识，而且在一定程度上揭示了政治现象和制度的变迁，从而立体呈现出清朝政治的完整图景。可见日记的重要历史研究价值。

历史上久远的日记就难说了，近现代确有许多日记有其重要的研究价值。

一、《拉贝日记》

举世闻名的《拉贝日记》，是二战期间，德国人约翰·拉贝对日寇南京大屠杀暴行的真实记录。拉贝是德国西门子公司的商务代表，在华工作 30 多年，当年日寇攻占南京后，他以安全区委员会主席的特殊身份，保护和救助了很多遭追杀的中国难民，并逐日记录了日寇的暴行。这种日记具有极为重要的历史价值，远胜于回忆录，它更真实准确。时过境迁，许多历史事件往往就是从难得的私人日记中考证出来的。

二、《何汝霖日记》

日常生活是日记的重要内容。张剑所写《居乡诚不易——从〈何汝霖日记〉看一位晚清显宦的乡居生活》一文，对军机大臣何汝霖的乡居生活做出细致的个案分析，透过何氏在日记中记录的"烦恼"，看出中国社会的人情大网。

三、《北游日记》

《北游日记》是著名文学家、教育家叶圣陶的早年日记，它是叶先生北上所见所闻所想的真实记录。日记的内容多为叶先生从事小学教育的工作日志，例如语文课本，他诠释说："嘴里说的是'语'，写在纸上的是'文'。"先生还在日记里评论语文课本的文字缺少韵味，而他为教材创作的儿歌，生活气息浓，韵味足。其中《小小的船》就是有名的一课：

弯弯的月儿小小的船，

小小的船儿两头尖，

我在小小的船里坐，

看见闪闪的星星蓝蓝的天。

这首儿歌原是写在日记里的，被选进了当年的课本，成为经典，今日新课本里仍然有，小学生都喜欢它。这样的作品，诵读时朗朗上口。

第三章

流传至今的非韵文学

上一章我们已经领略了诗词歌赋等文学的魅力，本章所述内容，就是人们喜闻乐见、流传至今的非韵文学作品。

我国著名作家王蒙说过："文学的世界为现实的世界做了命名与修辞、虚构与畅想、涂染与激活。"也就是说，文学反映了作家的文化记忆，对世事的思考和洞察力，以及作家对时代的认识和解读，包括对大自然和社会生活的观感，风花雪月、世道人心、家国情怀、亲情乡愁、生死观念等。在王蒙先生看来，"文学提升了人的全面精神素质与能力，文学使生活更青春、更鲜活、更理想、更智慧，也更强烈"。曾有一位美国人问王蒙："不管走到哪儿，只要是碰到中国人，他们提起中国来总那么挂牵，原因是什么？"王蒙先生回答："第一，因为中国人喜欢吃中餐，他们有中国腹；第二，中国人都喜欢中国的诗词，他们有中国心。所以，中国人爱国是心腹之爱、心腹之恋，中国文学表达的就是中国的心腹、中国的灵魂，表达的是历史的光辉、时代的际遇，我们不可能离开文学。"

的确，文学对于我们中国人是不可或缺的。大量的诗词歌赋与曲、联等作品，都是穿越时空、流传千古的经典韵文。此外，小说、散文、随笔、杂文和报告文学等常见文体，也是千百年来演变并流传至今的传统文学，它们虽无韵味，但有情意，国人喜读乐赏。可以说,文学能问诊社会、引领时代,文学照亮世界、反刍生活,这是一切文学的作用与力量! 因此,无韵的文学作品同样是国之珍宝。

第一节　小说如稗

小说是一种叙事性的文学体裁,通过人物的塑造、故事情节的设计和环境的描述,表现社会生活的矛盾。小说一般有长篇、中篇和短篇之分。

小说究竟为何物

班固著《汉书·艺文志》说:"小说谓之稗说。""街谈巷说其细碎之言也。"这就是讲,言辞很细小,不是高谈阔论,可谓之"稗说"。稗,是一种类似稻禾的杂草,在稻田里能以假乱真,阻碍稻的正常生长。古书《广雅》解释曰:"稗,小也。"因此,古代称一种小官为稗官、稗将。稗官是专门为帝王讲述道听途说的故事和习俗之类的"小说"的,后来渐而就称小说为稗说了。在中国文学的传统中,小说向来难登大雅之堂,相对于史书、经书等"庄稼",小说只能是野地里的小花小草了。

作家张大春的《小说稗类》就是一本专讲小说的书,他对把小说比作稗类有独到的见解。在他看来,小说拥有稗草一般旺盛的生命力。他在自序"说稗"中表示:

小说如稗，我又满心景慕，因为它很野，很自由，在湿泥和粗砾上都能生长。人若吃了它不好消化，那是人自己的局限。

小说如野草，这个比喻非常泛化，又相当贴切。张大春这部书从小说本体说到起源，从小说的导向说到小说的腔调、文学性，穿梭于古今中外的小说谱系中，检视小说的细枝末节。张大春在庄子和太史公处找到了小说的原点，小说的灵魂在虚构的历史中扩张，但又不满足于局限在虚构中，小说拥有的不只是故事，更有由"雄辩、玩笑、荒唐的故事、讽喻、语言游戏"构成的丰富世界。

《小说稗类》在追溯历史之外，更关注小说在时代中的新变，谈论在这个发达的影像时代，小说为何还要描绘"动作"，如何转向影音媒介无法达到的位置。也就是说，在新的历史时代，如何更有效地发挥小说的特殊功能。

首部章回小说《三国演义》

"唐诗""宋词""元曲""明清小说"这几个词，准确、概括地表达了唐朝以来中国文学的成就。而明清小说的繁荣，是以长篇历史章回小说《三国演义》开启先河的。如今华夏大地，人人知晓"三国"，个个爱读"三国"，海外一些国家也频频掀起"三国热"，人们不禁惊叹：一部几百年前的文学著作，为何长盛不衰？

《三国演义》全名《三国志通俗演义》，是一曲英雄的颂歌，一部悲壮的史诗。它扣人心弦的情节、生动鲜活的人物、雄浑壮阔的气势、苍凉壮丽的风格,以及强烈鲜明的爱恨,催人泪下,给人启示。它以三国时期魏、蜀、吴三个政治集团之间的斗争和兴衰为主线,描写了从东汉末年到西晋初期的历史演变。其故事主要来自民间,有着广泛的群众基础。从"三分归晋"到《三国演义》的创作,历经1000多年。在这1000多年间,三国故事代代相传,民间艺人把它引入茶馆酒肆,搬上书场舞台,一部部关于三国的评话、说唱、杂剧相继问世。

《三国演义》毕竟是小说,人们说它是"七分实事,三分虚构",该书所描写的主要人物,如曹操、刘备、孙权、诸葛亮、张飞、关羽等,都是历史上的真人;所写的主要事件,像黄巾起义、董卓之乱、官渡之战、赤壁之战等,也在历史上实有其事;作品所勾勒的历史过程,从汉末群雄并起、天下大乱,到魏、蜀、吴三国鼎立,经过近半个世纪的复杂斗争,最后司马氏的晋政权统一天下,这也符合史实。但书中也有不少地方是虚构的,例如"王司徒巧使连环计""献密计黄盖受刑""七星坛诸葛祭风""关云长义释曹操"等;还有吕布的赤兔马,能"日行千里,渡水登山,如履平地",当属夸张之笔。这些情节和文字,虽然是虚构的,但精彩动人。正因为如此,《三国演义》才成为我国长篇历史小说的典范。

《三国演义》在艺术上非常成功,特别是刻画人物,一共写了400多个鲜活的人物,脍炙人口的不下几十个,这是一个十分杰出的文学贡献。但是,文坛对《三国演义》的评论也有不同的声音。从小说的比较角度而言,重《水浒传》轻《三国演义》的传统是客观存在的。《三国演义》的文字半文半白,读者不爱看,而《水浒传》的文字却是白话，读的人有新鲜感。重《水浒传》轻《三国演义》的倾向，从明代一直延续到鲁迅、胡适一辈。鲁迅论《三国演义》，留下了一个异乎寻常的警句："显刘备之长厚而似伪，状诸葛之多智而近妖。"鲁迅喜欢的关羽，恰恰是《三国演义》里离史传最远，而最具民间气息的形象。

《说岳全传》等历史演义小说

中国古代有不少历史小说，它们虽循历史脉络，但故事细节与历史的真实情况往往有较大出入。譬如明代熊大木编撰的《杨家将演义》，反映的历史事件、历史人物、战争兵法等，都与真实的历史有很大差距。一些历史小说明显存在一个共同的特点，就是人物的英雄化、叙事的神化和浪漫主义风格。

《说岳全传》是长篇英雄传奇小说，它是在《说岳演义》和民间传说的基础上整合、编辑、增订而成的。小说一开篇，就将岳飞的出身神化为佛祖护法大鹏。在多场对金战争中，岳飞都是单枪破阵，以少胜多。他的儿子岳云更是少年神勇，13岁就能舞起82斤重的银锤掀翻金兵元帅，锤碎金将天灵盖。

历史演义小说在中国传统文学中占有非常重要的地位，它不仅影响了其他形式的文艺作品，而且因为在历史时空中传播深远，对鼓舞民心、振奋华夏精神、塑造民族审美情趣和审美心理起到了相当重要的作用。直到今天，这些历史演义小说仍受到民众喜爱。

我国有一部最长的历史演义小说，即蔡东藩所著的《历朝通俗演义》。这部小说从秦始皇讲起,一直讲到1920年,描写了2000多年的历史,全书约有600万字,共1040回,包括前汉史、后汉史、两晋史、南北朝史、唐史、五代史、宋史、元史、明史、清史、民国史等11部演义。这部小说取材审慎,主要根据正史及各类比较可信的史料的记载,也参考了一些野史。它集历朝历代的兴衰变化、种种历史事件和很多历史人物于一书,演义出万千气象,可谓一部通俗而生动的变相"中国通史"。

神话小说的代表作《西游记》

《西游记》是中国神话小说的最杰出代表。它孕育的"孙悟空大闹天宫""孙悟空智取芭蕉扇""孙悟空三打白骨精"等故事,神奇、美妙而动人,在中国可以说无人不知、无人不晓。

《西游记》的成书过程非常复杂,它不是某一个人写出来的,而是经过几百年的创造和积累,最后由一个高手做了统稿、再创作的工作。这个高手就是吴承恩。他是淮安山阳(今江苏省淮安市)人,明孝宗弘治十三年(1500年)出生于一个书香之家,自幼聪慧,博览群书,精通诗文,年轻时即以文采享誉乡里。凡百里内的楼台、庙宇、碑碣的文字,以及婚丧、寿庆的祝词,等等,人们都请他撰写。他特别喜好奇闻传说,又善于说笑,是个走到哪里就把笑声带到哪里的人物。但他仕途坎坷,科举屡试不中。在同乡好友、高官李春芳的帮助下,他虽当上了浙江长兴县丞(县令的副手),但因生性耿直,耻于阿谀奉承,更看不惯官场奸诈的风气,不久便拂袖而去,回家专事著述了。《西游记》是吴承恩一生最重要、最优秀的作品,小说主体是写唐僧取经的故事,由历史上真人真事演化而成。

吴承恩集中了各种取经故事的传说,创作出了《西游记》这样一部伟大的神话小说。全书共一百回,可分三大部分:第一部分是第一回到第七回,写孙悟空的出身经历和大闹天宫的故事;第二部分是第八回到第十二回,写唐僧身世、魏徵斩龙、唐皇游地府的故事,交代取经缘由;第三部分是第十三回到第一百回,写孙悟空、猪八戒与沙和尚一起护送唐僧西天取经,一路除妖降魔,历经了九九八十一难,终于取到真经。

《西游记》中描述的许多人物和情节,既神奇,又有强烈的现实感。它以幻想的形式,揭露了作者所处的封建社会的腐败现实,歌颂了人民大众蔑视神权、反抗压迫、坚决同恶势力斗争到底的精神。这种神性(幻想性)和人性(社会性)紧密结合,并与完美的艺术形式和谐统一的作品,在古今中外神话小说中是极其独特的。

孙悟空是《西游记》的主角,他从被压在五指山下到解脱出来保送唐僧取经,其人生道路,显示出一个正常社会对人的基本要求:充分发挥你个人的能力,但要限制你个人欲望的极度膨胀。孙悟空护卫唐僧西天取经,无疑是找准了人生定位。他本有"一个筋斗能翻十万八千里"的本领,却要用陪唐僧一步一步跋山涉水的方式走向西天。这隐含着一个哲理:无论能力多大,也要脚踏实地地干事。

文言的志怪小说《聊斋志异》

到清代,出现了一部异乎寻常的短篇小说集《聊斋志异》。它既是文言,又很通俗,正如鲁迅所说,乃是"用传奇法,而以志怪"。其艺术成就很高,成功塑造了众多艺术典型,人物形象生动鲜活,故事情节曲折离奇,结构严谨巧妙,文笔凝练,描写细腻,堪称中国古典短篇小说的高峰。

传说蒲松龄书斋外有一处名为"柳泉"的山泉,他每天在泉边树下摆上茶壶茶碗,招待过往行人歇脚,人们喝着茶自然闲聊起来,蒲松龄静坐一旁细听。天长日久,他就装了一肚子的奇闻怪事。这些听来的东西,经他整理加工,便成就了《聊斋志异》这部中国小说史上的不朽之作。

《聊斋志异》大大小小 400 多篇里,有痴情的花妖、狡猾的狐仙,还有千奇百怪的精灵、充满人情味的鬼魂。香玉、青凤、阿英、连琐、莲香、青梅、封三娘……这些熟悉的名字构成了奇特而迷人的世界。在这里,有人与鬼生死缠绵之恋,有仙与凡执着忘我之情;有狐侠义鬼,也有俗客小人;有悲剧也有有情人终成眷属,善有善报、恶有恶报的喜剧。一个个荒诞故事,实际上抒写的是作者对恶的愤恨,对善的向往,所以郭沫若先生曾称赞道:"写鬼写妖高人一等,刺贪刺虐入骨三分。"

当然,有的篇章只顾"志异",思想上并无可取,例如《鬼津》《负尸》两篇,写白日见鬼,有如亲见,难免给读者留下世上确实有鬼的印象。此类个别随便记录下的荒诞故事,如白璧之瑕,难以掩盖整部作品的艺术光彩。

《聊斋志异》虽然说的多是鬼狐的故事,但它反映了清代的社会现实,反映了社会生活。有行家说它是"社会生活的百科全书"。毛泽东主席说,《聊斋志异》可以做清代的史料看,像其中一篇叫《席方平》的,含义很深,实际上是对封建社会酷吏的控诉书,揭露了官官相护、残害人民的罪恶。他对一个艺术细节的描述表示欣赏,就是写到两个鬼奉冥王命令把席方平锯成两半时,却对席方平表示同情,故意锯偏,以保存席方平一颗完整的心。毛主席称赞这个情节写得好。

谴责小说《二十年目睹之怪现状》

《二十年目睹之怪现状》是清末著名小说家吴趼人的作品,在当时梁启超主办的《新小说》上连载,读者欲读若渴,以至于作者还未写完,就要求出版"未完待续"的单行本。全书108回50万字,竟连出了8个单行本,轰动一时,连妇孺也能道其一二,其社会影响力可见一斑。

吴趼人出身名门,多才多艺,兴趣广泛,富有爱国心和正义感。他17岁时家境败落,不到20岁便背井离乡到了上海,自谋生路。他开始被雇在江南制造局,当个抄抄写写的小职员,月薪8块银圆。业余时间也为报刊写些趣味短文,挣点稿费补贴家用,供养老母亲。

上天不负苦心人,当时梁启超等维新人士正倡导"小说界革命",认为小说具有改良社会、推动时代进步的作用,创办了时新杂志《新小说》。吴趼人在此激励下,才有《二十年目睹之怪现状》的诞生。该小说中的主人公"九死一生",在 1884 年中法战争前后到 1904 年的 20 年间,耳闻目睹了种种社会怪象,揭示出清末内外交困、黑暗腐败的社会现实。

小说辛辣地讽刺了那些无耻堕落的士子,他们胸无点墨还大话连篇,弄虚作假。有的人附庸风雅,冒充诗画行家,却洋相百出,只因为手里有几个钱,便真有诗人名士捧场,甘愿丧失人格;还有的人置伦理道德于不顾,亲友间骨肉相残、尔虞我诈。作者为之哀叹,对此进行了无情的揭露。

鲁迅在《中国小说史略》一书中,将吴趼人的《二十年目睹之怪现状》与李伯元的《官场现形记》、刘鹗的《老残游记》、曾朴的《孽海花》相提并论,称这四部小说为晚清"四大谴责小说"。谴责小说的作用在于揭露社会弊端,纠正社会的坏风气。难怪李伯元因写了《官场现形记》这部反映腐败官场的"百丑图"震惊了衙门和朝廷而不断收到恐吓信、子弹和砒霜等警告物,乃至遭到清朝当局的通缉。

开创现代小说的重要作家

小说写故事,反映的是社会生活,总有这样或那样的政治趋向。开创现代小说革命性的作家,绕不开两位先行者,一位是蒋光慈,另一位则是鲁迅。

一、蒋光慈是中国革命题材小说的拓荒者

蒋光慈 1901 年出生于安徽省金寨县(时属霍邱县)的一个小

商人之家。1921 年,他与刘少奇等人赴俄留学,在莫斯科东方大学就读。在此他由团员转为中共党员,并和其他党员共同组成中共旅莫支部。此时中国革命风起云涌,蒋光慈用笔狂歌革命,他一连创作了几十首新诗,决心做一个革命的诗人。这些诗于1925年在上海结集出版,名曰《新梦》,在当时中国文学界产生巨大影响,笔名"阿英"的著名文学家钱杏邨称其为"无产阶级革命文学著作的开山祖"。

1926 年,蒋光慈的中篇小说《少年漂泊者》发表,极大地影响了当时青年的政治倾向,引导着广大青年投身革命。1927 年,蒋光慈的第二部诗集《哀中国》和短篇小说集《鸭绿江上》出版。这时,他在政治上、文学上都已趋于成熟,成为引人注目的革命作家。大革命失败后,他从愤怒和失望中奋起,在上海发起成立无产阶级文学团体"太阳社",出版《太阳月刊》。太阳社是现代文学史上由中国共产党领导和组织的第一个文学社团。

1930 年 3 月,中国左翼作家联盟在上海成立,选出 7 名常委:沈端先(夏衍)、冯乃超、钱杏邨、鲁迅、田汉、郑伯奇、洪灵菲。蒋光慈当选为"左联"候补委员,并主编"左联"机关刊物《拓荒者》。他真正地成为中国革命题材小说的拓荒者。

二、鲁迅掀开中国小说革命精神的新篇章

1918 年 5 月 15 日,是中国文学发展史上的一个重要日子,在这一天出版的《新青年》第 4 卷第 5 号上,发表了中国第一部白话小说《狂人日记》。这篇小说写的是一个患精神病的狂人的生活和心理感受,深刻揭露了封建社会及其礼教的罪恶,提出了反封建主义的思想。狂人将他所处的社会归结为人吃人的社会。鲁迅《狂人日记》的问世,掀开了中国小说发展的新篇章。

《阿Q正传》是鲁迅小说的代表作。它以辛亥革命前后的江南乡镇未庄为故事背景,塑造了贫苦农民阿Q的典型形象。作者用心良苦,小说具有极高的思想价值和艺术水准。鲁迅先生的作品诸如《彷徨》《药》《孔乙己》等,也都是表现社会现实的白话小说,充满着家国情怀和革命精神。鲁迅写的乡土大地,标定的时间背景是清末民初,中国乡村由封建的传统社会向现代社会转型之时。在鲁迅眼中,当时社会及其代表的农业文明,已成为中国传统文化藏污纳垢的营盘,诸如人身买卖、一夫多妻、缠足拖辫、吸食鸦片等陋习比比皆是。那些乡下人,无论是闰土、祥林嫂、华老栓、七斤,还是阿Q,麻木又愚蠢,可怜又可憎。鲁迅以麻木、愚昧、顽固、残忍为当时的乡土和社会定义,参照的背景是现代性的观念,诸如科学、启蒙、进步等等。

反映现实的现代小说

反映现实的现代小说,除了鲁迅作品,还有很多。从巴金的《家》《春》《秋》到茅盾的《林家铺子》《子夜》等巨著,都把现代小说推向千家万户。

现代小说家、散文家和文学翻译家巴金,1929年以大哥李尧枚为主人公原型写了一部小说《春梦》,1931年4月更名为《激流》,在上海《时报》连载,1933年出版单行本时又更名为《家》。据说,迄今印数达500万册。小说讲述了发生在四川成都一个官僚地主大家庭——高公馆的故事。高老太爷是这一家的最高统治者,他封建专制,顽固不化。觉新是长房长孙,为人厚道,但性格软弱,原与表妹梅相爱,后屈从老太爷之命,另娶了瑞珏。觉民、觉慧因参加学生运动遭到老太爷训斥,并被软禁家中。《家》中的觉慧,正是这股生活激流的弄潮儿,他是高家第一个"叛徒",是新一代青年的代表。他敢于平等地爱婢女鸣凤,敢于违抗老太爷囚禁他的命令,敢于帮助觉民抗婚出逃,敢于对抗陈姨太等人的"捉鬼"丑行……为寻求新的生活,觉慧最后选择离家出走,表现出一种义无反顾的抗争精神。这部小说的进步意义,就在于它反映了民主革命的新潮流。

据说,茅盾的《子夜》是中国第一部成功的写实的长篇小说,它在中国现代文学史上闪烁着耀眼的光芒。1933 年,因《子夜》的出版而被称为"子夜年",一时洛阳纸贵,社会反响巨大。瞿秋白曾高度评价说:"1933 年在将来的文学史上,没有疑问的要记录《子夜》的出版。"《子夜》犹如一幅时代画卷,描绘了 20 世纪二三十年代社会各阶级的生活和思想状态,其中重点描述了以吴荪甫为代表的中国民族资产阶级的发展走向。正如茅盾所说:"这样一部小说,当然提出了许多问题。但我所要回答的只是一个问题,即是回答了托派:中国并没有走向资本主义发展的道路,中国在帝国主义的压迫下,是更加殖民地化了。"它为中国反帝反封建的新民主主义革命的必要性制造了舆论。

这里不能不特别地说一说老舍的长篇小说《四世同堂》。它是老舍本人"非常喜欢"的一部作品,并认为是自己"最好的一本书"。不过,此书问世时却未受到重视。到 1985 年抗战胜利四十周年,该小说改编的同名电视剧在国内引起轰动时,这部小说才终于引起国人的关注。

当代小说例举

今天的和平建设生活,同样需要优秀的小说作品。作家陈忠实创作的长篇小说《白鹿原》就是其中的代表作之一。陈忠实于 1987 年完成《白鹿原》的构思,动笔起草,直至 1992 年 1 月 29 日,陈忠实写完小说人物鹿子霖的死亡,长篇《白鹿原》终于创作完成。它是一部渭河平原的雄奇史诗,一部中国农村的斑斓画卷,融家庭史与民族史为一体。主人公白嘉轩六娶六丧,命运的序曲预示着不祥。大革命,日寇入侵,三年内战,白鹿原翻云覆雨,家仇国恨,冤冤相报,代代不已,古老的土地在新生的阵痛中震颤。这部长篇小说从清末写到新中国成立,内容如史诗般丰富,情节曲折,思想高远,哲理深邃。后来,《白鹿原》又被拍成了电视连续剧,观众好评如潮。

《温故一九四二》是作家刘震云创作的中篇小说,发表于1993 年。它以 1942 年发生在中原大地河南的一场大饥荒为故事背景。出生于河南的刘震云先生创作出这部纪实色彩强烈的小说,大胆言辞极大地刺痛着读者的道德神经与民族情感,让国人不忘历史,不忘天灾人祸! 正因为如此,冯小刚导演将小说的情景搬上了电影屏幕。电影《一九四二》更形象地强化了小说《温故一九四二》的主题,带领观众共同打捞起那段历史。

著名作家贾平凹的作品《带灯》，获评2013年度"中国好书"，它反映的是乡镇基层干部的生活，展现了他们的喜怒哀乐。

2017年，在震撼全国的反腐浪潮中，电视剧《人民的名义》横空出世，广受赞誉。此剧是由作家周梅森同名小说改编而成的。周梅森先生曾写出《人间正道》《绝对权力》《国家公诉》等小说力作，反映了改革开放中的现实生活。据说，2015年伴随国家反腐工作的大力推进，高检影视剧中心三顾茅庐，力邀周梅森参与创作，来者有一席话深深打动了他："党的十八大以来，中央在这场硬仗中下了刮骨疗毒、壮士断腕的决心。在这样的时代命题下，文艺创作不应该缺席。"周梅森不负众望，忠实地践行了时代使命。

中国科幻小说一瞥

中国秘幻小说的源头在哪里呢？有人说，梁启超发表于1902年的《新中国未来记》是中国最早的科幻小说，但该书没有完结，只有5回，前4回是演说体，第5回则变成叙事。所以夏志清曾评论说："灵感枯竭……放弃了原先的演说格式，开始用叙述手法。"书很难算作科幻小说，梁启超自己也称其为政治小说。

1904年，《绣像小说》杂志连载了《月球殖民地小说》，别有意味，著名作家叶永烈认为它是中国最早的科幻小说，作者署名"荒江钓叟"（真名不详），这书一共13万字，遗憾得很，它也未写完。

1905年，晚清著名翻译家、教育家和出版家徐念慈为"广罗人才，作大量小说生产"，遂与曾朴、丁祖荫等人在上海创办了小说林社。随后他写出小说《新法螺先生谭》，并结集出版。据说这是仿照包天笑翻译的日本小说《法螺先生》写成的，讲述了一个科学幻想故事：主人公新法螺先生对现代科技不满，一日他遇宇宙强"风"，灵魂与肉体被分开，他先后到了月球、水星和金星，又回到地球，感到地球上腐朽透顶，开始研究"脑电"，认为它可以解决中国的一切问题。主人公在水星时，将一老翁的脑汁取出换新，老翁立刻变成雄壮少年……此书显然以老翁比喻清王朝。这是一部不折不扣的科幻小说，而且是中国历史上第一部完整的科幻小说。

随着现代科学的发展，中国的科学幻想小说也崭露头角。20世纪，以叶永烈的《小灵通漫游未来》为代表的一大批科幻小说，吹响了科幻的畅想曲，把青少年带入科学幻想的殿堂。

2015年8月22日，在美国斯波坎市举行的第73届世界科幻小说大会宣布，中国作家刘慈欣凭借科幻小说《三体》获得科幻文坛最高荣誉——雨果奖。雨果奖由世界科幻协会颁发，堪称科幻艺术界的"诺贝尔奖"。本次获长篇小说类雨果奖的是英文版《三体》系列中的第一部。译者刘宇昆代表刘慈欣上台领奖，并宣读作者的获奖感言。

刘宇昆在接受媒体采访时说，《三体》在中国的粉丝成千上万，他自己也是其中之一。

《三体》三部曲由《三体》《黑暗森林》《死神永生》三部小说组成，又名"地球往事"三部曲，是刘慈欣撰写的史诗级巨著，堪称中国当代最杰出的科幻小说。故事主要讲述中国军方探寻外星文明，告诉了外星文明关于地球的所在，而人们没有意识到，这彻底改变了人类的命运。地球文明向宇宙发出的第一声啼鸣，以太阳为中心，以光速向宇宙深处飞驰……这部小说具有丰富的想象力，谈论的是人类面临的共同问题。故事植根于中国古代和近代历史，怀有强烈的民族情感，可读性强，让人回味无穷。小说出版后，好评如潮，被评价为"将中国科幻推上了世界的高度"。更可喜的是，张番番导演的电影《三体》把刘慈欣小说原著搬上了银幕，并于 2016 年公演。

第二节　散文如何"散"

散文在于"散"。最通常的认识，凡所见所闻所感，或所梦幻，皆可为文。写什么，怎么写，是叙，是议，是思，是叹，作者有充分的自由。我们不能只用一种方法去限定散文作家手中的笔，不同的手法、不同的风格，才可能产出多姿多彩的散文。

散文作为一种文体，历来有各种不同的概念，在不同的历史时期有着不同的含义。

散文概念的变迁

散文的概念，朱自清先生曾在《什么是散文》中说：

散文的意思不止一个。对骈文说，是不用对偶的单笔，所谓散行的文字。唐以来的古文便是这东西。这是文言里的分别，我们现在不大用得着。相对韵文说，散文无韵。这里所谓散文，比前一文所包广大。虽也是文言里旧有的分别，但白话文里也可采用。这都是从形式上分别。还有与诗相对的散文，不拘文言白话，与其说是形式不一样，不如说是内容不一样。内容的分别，很难说得恰到好处。因为实在太复杂，凭你怎么说，总难免顾此失彼，不实不尽。这中间又有两边儿跨着的，如所谓散文诗，诗的散文；于是更难划清界限了，越是缠夹，用得越广，从诗与散文派生"诗的""散文的"两个形容词，几乎可用于一切事情上，不限于文字。——茅盾先生有一个短篇小说，题作"诗与散文"，是一个有趣的例子。

按诗与散文的分法，新文学里的小说、戏剧（除掉少数诗剧和少数剧中的韵文散文）都是散文。——论文、宣言等不用说也是散文，但是通常不算在文学之内——这里得说明那引号里的散文。那是与诗、小说、戏剧并举，而为新文学的一个独立部门的东西，或称白话散文，或称抒情文，或称小品文。这散文所包甚狭，从"抒情文""小品文"两个名称就可知道。小品文对大品而言，只是短小之文；但现在却兼包"身边琐事"或"家常事"等意味，所以有"摆设"之目。近年来这种文体一时风行，我们普通说散文，其实只指这个。这种散文的趋向，据我看，一是幽默，一是游记、自传、读书记。若只走向幽默去，散文的路确乎更狭更小，未免单调；幸而有第二条路,就比只写身边琐事的时期已展开了一两步。大体上说:到底是前进的。有人主张用小品文写大众生活,自然也是一个很好的意思,但盼望做出些实例来。

可见在我国古代,散文所包括的范围很广,它与韵文相对,那些不需押韵、不讲对仗的散体文章,例如史传、论说、颂赞、序跋、奏议、诏令、书牍、碑志等,统称为散文。其中包括文学作品,也包括哲学社会科学等方面的文章。随着文学的演变发展,散文单独成为一种文学体裁,除了诗歌和戏剧以外的文学体裁皆为散文,诸如小说、游记、小品文、传记文学等所有不用韵律的文学体裁都是。

现今所说的散文,所涉范围已大大缩小,一般指狭义的散文,即文艺性散文,是与诗歌、小说、戏剧文学并列的一种文学体裁。在一切文学样式中,现代散文是最自由灵活、没有拘束的一种。它篇幅短小精悍,形式生动活泼,取材广泛。其基本特征,可以概括为"形散神不散"。散文很"散",可以从一点生发开去,天南海北,古往今来,无不可谈;或叙事状物,或抒情议论,文情并茂;写人记事,不一定有完整的情节故事。但,散文又忌散,不能漫无边际、杂乱无章,要围绕中心,突出重点,线索分明,层次清楚。总而言之,必须散而不乱。

邓友梅先生曾经在与友人谈创作时涉及散文,他说:

汪曾祺的散文,都是大白话,但那是从生活中提炼出来的大白话。

……

　　小说需要想象力,琢磨结构、情节、人物性格,我现在写起来就感到吃力。到了一定年龄,精力不济,写些散文比较顺手。散文没故事情节,靠什么抓人?只有语言。而语言要炼到火候,没有几十年工夫是不行的。

老一辈作家关于散文的见解甚为深刻,这对我们从多方面认识散文是大有裨益的。

散文类别

　　散文可以反映社会生活中任何有意义的事物,自由自在,千姿百态,可以像诗歌那样直接抒发作者的强烈情感,又不必讲求韵律;能像小说那样叙述事件,塑造形象,多方面刻画人物性格,又无须结构完整的故事情节;可以像戏剧那样表现矛盾冲突,又不要求时间、空间的高度集中;还可以像论说文一样说理议论,但不一定运用抽象概念进行推理和论证。写人、记事、绘景、状物,不拘一格;叙述、描写、抒情、议论,兼采并用,具有灵活多样的艺术表现力。

　　现代散文按照表现手法,可以分为抒情、记叙、议论三种类别。

　　抒情散文着重具体而生动地抒发作者的主观感受和激情。

例如鲁迅的《为了忘却的记念》、茅盾的《白杨礼赞》、朱自清的《始终如一的茅盾先生》、张恨水的《由病榻上写来》，都抒发了作者深沉的情感。抒情散文虽说是在抒发作者的主观感受，但也不可能完全避免叙述和描写，《白杨礼赞》一文中就有不少对白杨树的描写。这类散文因抒情的需要，往往有较丰富的联想、较多的象征。《由病榻上写来》就有丰富的联想，是作者思想深处的表露。优秀的抒情散文都有优美的语言、浓郁的诗意。

记叙散文以叙事、写人、状物为主，通过故事情节、人物性格、场面、景物的描写显示主题，并穿插作者的抒情，以增强思想冲击力和艺术感染力。记叙散文一般篇幅不长，结构比较自由而多变化，语言朴素，往往充满诗情画意。秦牧的《花城》《潮汐和船》等散文都是这类散文。

议论散文侧重抒怀论述。像田汉20世纪30年代的许多散文就属于这一类。诸如《朔风》《白梅之园的内外》《数千里路云和月》《月光》《到民间去》《咖啡夜店、汽车、电影戏》等，不像同时代其他散文长于写景、抒情，而侧重论述或随感，具有强烈的个性。秦牧的《艺海拾贝》与其说是文学理论著作，不如说是用优美笔触所写的论说散文。

看散文今朝

我国当前最好的散文往往不是专业散文家写的。不少散文家似乎还在醉心于锤炼语言和技巧，而一些非职业散文家是"该怎么表达就怎么表达"，往往做出诸多新的探索。

著名作家余光中说："中国散文，在朱自清、钱锺书之后，出了余秋雨。"文学评论家韩小蕙说，当时余秋雨的一系列文章发表之后，很多人并不认为它是散文，认为杨朔、峻青等老一辈写的才是正牌散文。但余秋雨写成的文章得到了读者的认可，散文的范围也就此扩大了。

《文化苦旅》是余秋雨的第一部散文集，它是余秋雨于20世纪80年代在海内外讲学和考察途中写下的作品，一部分为历史、文化散文，另一部分为回忆性散文。该书文采飞扬，知识丰厚，见解独到，别具一格，因此备受万千读者喜爱，由此开创了"历史文化大散文"的一代文风，令读者在美妙的文字中被带入历史文化长河，引发哲思情致，具有很高的审美价值。

文学评论家刘绪源面对散文现状，认为散文需要"增新"与"扩容"，扩大散文的边界是散文未来之所在，即使是书信、日记、微博、影评，也可以是一流的散文。面对目前国内不少文学期刊拒收"到此一游"式的散文，刘绪源说，这种文章发表不出来，是因为现在的读者没有时间看浮光掠影式的抒情散文。一篇文章没有视野的广度和思想的深度，就没有作为散文存在的文学价值，"散文最怕的一点就是没话找话。一定要心里有话，非写不可"。

著名作家贾平凹撰有一篇《提倡"大散文"概念》的文章，谈了他关于散文的观点。我们看看他的"大散文"是个怎样的概念：

　　　　我们倡导美的文章。我们确实是不满意目前的散文状
　　态。那种流行的，几乎渗透到许多人的显意识和潜意识中的

对于散文的概念,范围是越来越狭小了,含义是越来越苍白了。这如同对于月亮的形容,有银盘的,有玉灯的,有橘的一瓣,有夜之眼,有冷的美人,有朦胧的一团,最后形容到谁也不知道月亮为何物了。我们现在是什么形容也不要,月亮就是月亮。于是,还原到散文的原本面目,散文是大而化之的,散文是大可随便的,散文就是一切的文章。

如果同意我们的观点,换一种思维看散文,散文将发生一种质的变化,散文将不要准散文,将不仅是为文而文的抒情和咏物,也就不至于沦落到要做诗人和小说家的初学的课程,轻,浅,一种雕虫小技,一种"大丈夫不为也"的境地。

当然,文章的好坏,是时代之势所左右,汉唐的文章只能是在汉唐,明清的文章只能是在明清。……文学史上之所以有大家,大家之所以出现,就是在每一个世风浮靡、文风花拳绣腿的时期有人力排陈腐,复归生活实感和人之性灵。

所以,我们鼓呼大散文的概念,鼓呼扫除浮艳之风,鼓呼弃除陈言旧套,鼓呼散文的现实感、史诗感、真情感,鼓呼真正的散文大家,鼓呼真正属于我们身处的这个时代的散文!

可以看出,贾平凹的"大散文"概念,归结为一点:"大散文是大而化之的,散文是大可随便的,散文就是一切的文章。"要有悟有感而发,不要专为出版发表而写文章。就是说,尽力克服狭隘的散文意识,大开散文的门户。"只要是好的文章,我们都提倡。在这块园地上,可以抒发天地宏论,可以阐述安邦治国之道,可以

147

做生命的沉思,可以行文化的苦旅,可以谈文说艺,可以赏鱼虫花鸟。"只要美,美是世间大有!

显然,贾平凹与韩小蕙、刘绪源的议论,言辞虽不尽相同,但颇能令人产生殊途同归的感觉。总而言之,散文是自由的。但自由的散文,绝不是无缰的烈马,可以任意狂奔,而应是时代的良驹,负载着人民前进!

第三节　随意命笔说随笔

在文学大花园里有一个品种,名曰"随笔"。顾名思义,随笔就是随意命笔之作,"笔"是一种书写工具,"命"是一种思维、一种意念,意念指挥工具而成华章。随笔作为一种文体,是介于文艺性政论和散文之间的一种文章体裁。这一名称,早在我国古代就有了,宋代洪迈写的《容斋随笔》,即为著名的一例。自宋代以来,凡是杂记见闻的,即使不名为随笔,也都叫它为随笔。

20世纪30年代,由于鲁迅、胡适、周作人、梁实秋、张恨水等一代文豪的参与,随笔曾兴盛一时。后来因为时代需求不同,随笔逐渐式微,只成为少数学者的书斋之语。

谁也没有料到,随笔会在20世纪90年代的中国重新崛起。20世纪90年代初,散文在社会改革开放、人们思想解放的热潮中升温,它迈开革新的大步,与"风花雪月、小桥流水"的传统散文挥手告别,演进到随笔的新阶段。

随笔的特色

随笔比杂文形式更活泼，取材也更广泛。在写作内容上往往是信手拈来，或是借景抒情，或是托物言志，或是说明事理，或是论断是非，或是有所讽喻。它爱憎分明，直面人生，挥洒自如，评叙结合。它以对真善美一往情深的讴歌和坚定勇敢的护卫而深得广大读者的喜爱。

随笔的表现手法灵活多样，叙述、描写、抒情、议论都可不拘一格地使用，通常以夹叙夹议为特色。

随笔的篇幅一般较短小，文章的结构形式根据内容需要而富于变化，文字生动活泼。

随笔不是随便乱涂

遗憾的是，近些年来，不少报刊所刊登的随笔，乃至许多知名作家的随笔中，真正称得上文学精品、时代强音，能够点燃心灵、给读者留下难忘印象的佳作，确乎不多。不妨读一读欣原先生的一篇随笔《随笔应摆脱无聊和庸俗》。他写道：

老愚君最近发表了一篇很有见地的短文：《说废话的"名人"们》。

他说："随笔这几年真的热起来了。""一些名家奉献给读者朋友的，还算名副其实。""但也有一批不知疲倦的麻雀，它们叽叽喳喳于天南地北……所津津乐道的话题无非是'我家的猫''我家的狗''我插队的时候''我恋爱的时候''我的父母''我的贤妻',以至于邻居阿三、看门老张。……从贾宝玉和林黛玉能否婚配……到三国时代的英雄算不算英雄……还有'我高兴的时候''我痛苦的时候''我不高兴也不痛苦的时候'……""总之,他们大都是说废话的名人。……如果编辑们老鼓励这些人如此下去,那么随笔的热风中就越来越有异味了!"

……

究其原因,当然是多方面的。诸如,为驾驭轻便而写,为追逐名利而写,为宣泄郁闷而写,为发牢骚而写,为哗众取宠而写,为孤芳自赏而写,为自吹自擂而写,为卖弄技巧而写,为炫耀智商而写……反正是随笔嘛,就可以随随便便地写,随心所欲地写;爱写什么就写什么,爱怎么写就怎么写;怎么痛快就怎么写,怎么舒服就怎么写。既出了名,又得了稿费,还宣扬了新奇独特的人生价值观,您能管得着吗?再说眼下有许多报刊的编辑先生、编辑小姐都非常赞赏这类文采,正拼命地拉稿约稿呢,谁敢批评!

这么一来,说废话的"名人"自然就多起来了。

……

我认为,这是一篇充满真心、难能可贵的随笔。所提出的问题是真诚坦率、深刻幽默、切中时弊、对症下药的,是很值得重视的。

第四节　战斗的杂文

杂文这种文体,在我国是有历史传统的。杂文也叫杂感,是一种取材十分广泛,表现形式自由灵活,具有强烈战斗性的文体。在表现手法上,杂文把叙事、抒情和议论融为一体,以议论为主。记叙和抒情是为议论说理服务的,用来刻画形象,抒发感情,使议论说理带有文学色彩,既有理论说服力,又有艺术感染力。所以,杂文也可称作文艺性的政论。

杂文的作用

我国的杂文,由鲁迅树立了它的战斗传统。它极像中国菜品中的麻辣火锅,以及水煮鱼和毛血旺,是有些人不爱吃也难消受的味道——辣! 廖沫沙先生说它是"投枪、匕首、银针、解剖刀",这种让人疼痛酸胀甚或麻苦的感觉,正是杂文的秉性。

长期以来,杂文继承和发扬了这一光荣传统,一直发挥着它的匕首、投枪的作用。在抗日战争、解放战争、抗美援朝战争中,杂文以辛辣的讽刺、无情的嘲弄,狠狠打击了国内外敌人。今天,杂文又成为现代化建设的思想武器,热情讴歌改革开放过程中涌现出来的新生事物和英雄人物,揭露腐败分子的嘴脸。真可谓"嬉笑怒骂皆成文章"。

杂文的特点

　　杂文的一大特点是语言尖锐泼辣,思想观点鲜明。鲁迅说过,杂文是"感应的神经,是攻守的手足"。对于丑恶的东西有敏锐的觉察,给予无情的嘲笑和抨击;对于美好的事物,给予热情的支持与赞扬。

　　论证说理严密,甚或包含深刻的哲理、具有浓郁的文学色彩,是杂文的另一特点。杂文要议论说理,具有政论的特点,这就使它有别于一般的散文。但它又运用文艺手法和文学语言,表现出生动的形象、鲜明的色彩、丰富的联想、辛辣的讽刺和恰当的幽默,使它不同于一般的政论文。杂文就是既有政论因素又有文学色彩的一种文体。杂文的选材,首先着眼于广大民众最关心、社会生活中最尖锐的问题。对于要揭露、批评的事物,要在具体而深刻分析的基础上,"论时事不留面子,砭痼弊常取类型",一针见血。

　　形象生动,寓理于情,是杂文的另一大特点。它不能生硬说教,必须巧于因借、寓庄于谐、旁征博引、说古论今、谈笑风生、洒脱自如。就是说,杂文是通过形象来说理的,关键是用形象化的论证推理。譬如讲述一个故事,或引用一段历史,或描述一些社会现象,或打一个发人深省的比喻,等等,都应该把真理寓于形象之中,让读者在潜移默化中得出结论。但杂文又是直抒胸臆的,作者不应回避情感的流露,文字要有激情,以引发读者的共鸣。

　　杂而不乱,短小精悍,是杂文的又一个特点。篇幅短小决定了杂文内容需要精练,为了把握"大中取小,因小见大"的构思规律,就应有包罗万象的积累和洞幽烛微的本领,在丰富的材料中筛选、提炼、加工,开掘出新意。在现实生活中,形势往往迫切要求人们很快投入战斗,而杂文也就成为极方便的轻武器:对敌人进行讽刺以加速他们的溃灭,消除他们的影响;有时对人民内部也需要"重重地给患病者一个刺激",治病救人,帮助其改正错误。杂文家深知,杂文虽讨某些人的忌嫌,但它确实是正直无邪、疾恶如仇,不可因人嫌而把麻辣滚烫的杂文写成香酥甜美的可口点心。

杂文的讽刺手法

讽刺究竟是什么? 讽刺是用讥讽的笔调,揭露社会生活中反动的、腐朽的或落后的现象,突出它的可笑之处,使其本质明显暴露出来,从而产生否定的效果。

杂文运用的讽刺手法多种多样,现举常见的几种:

一、反语

反语就是说反话,正话反说。为了加强表达效果,特意说与自己原意相反的话,这是一种表面上肯定而实质上否定,或表面上否定而实质上肯定的写法。例如鲁迅在《答托洛斯基派的信》中说:"你们的'理论'确比毛泽东先生们高超得多,岂但得多,简直一是在天上,一是在地下。但高超固然是可敬佩的,无奈这高超又恰恰为日本侵略者所欢迎,则这高超仍不免要从天上掉下来,掉到地上最不干净的地方去。"这里的"高超",实际上是说荒谬与反动,一经反说,极富有讽刺意味。

二、夸张

这种讽刺手法,是在抓住事物实质的基础上,给予合乎情理的夸大,突显它可笑的本质。例如鲁迅在《为了忘却的记念》一文中,有一个借用比喻的夸张:"禁锢得比罐头还严密",辛辣地讽刺了国民党反动政府推行法西斯思想统治的做法。

三、借用

把所要讽刺的对象的话借用过来,回敬过去,以子之矛,攻子之盾。例如鲁迅在《关于妇女的解放》中说:"孔子曰:'唯女子与小人为难养也,近之则不逊,远之则怨。'女子与小人归在一类里,但不知道是否也包括了他的母亲。"借用孔子的话来反问,产生了强烈的讽刺效果。

四、勾勒

勾勒这种手法,是用粗线条把要讽刺的对象描画出来。例如何果、王之禅的小杂文《现代化的实话》:

老师说:"做人,首先要学会讲话,如:不要说不好,说欠佳;不要说阴谋,说策略;不要说交钱,说收费;不要说落后,说正走向文明;不要说穷困,说正走向富裕……"

学生反问:"您不是常教导我们'实话实说'吗?"

老师答:"这也叫实话,是现代化的实话。"

这篇短小的杂文,借用当前社会文化生活中流行的"新"语言,几笔勾勒,嘲讽了当前媒体甚或某些官员所玩的语言文字游戏。

五、联想

杂文中往往还有巧妙的联想。有了联想,便会引申生发,扩充容量,使文章更加丰富,行文更加出色,让读者有更多的回味。鲁迅先生十分善于联想,往往从生活中的一种事物生发至另一种,让它们彼此关联,从而揭示出一个深刻道理。鲁迅有一篇杂文是由"细腰蜂"这种小动物而生发联想的。细腰蜂将它的毒汁注入大青虫的运动神经,使青虫陷入不死不活的状态。"青虫因为不死不活,所以不动,但也因为不活不死,所以不烂",作为供应细腰蜂后代食料的青虫,便保持和被捕时一样的新鲜。鲁迅笔锋一转,由此联想到旧中国反动统治者对劳动人民的压迫。反动统治者要劳动人民"要服从作威就须不活,要贡献玉食就须不死"。通过这一奇妙的联想,生动而深刻地揭示了反动统治的本质和残酷,以及劳动人民在旧中国的恶劣生存状态。

品读杂文佳作

读杂文要品,就是要一而再,再而三地读,从而领悟其深意。

一、《揠苗助长》

《孟子》一书里的文章,篇篇都像杂文,如投枪、匕首,似针砭药石。例如《孟子·公孙丑上》里揠苗助长的故事,文字虽短,但寓意深长:

宋人有闵其苗之不长而揠之者,芒芒然归,谓其人曰:"今日病矣!予助苗长矣!"其子趋而往视之,苗则槁矣。

　　天下之不助苗长者寡矣。以为无益而舍之者,不耘苗者也。助之长者,揠苗者也,非徒无益,而又害之。

　　此文是说,宋国有一个人,嫌禾苗不长而把它们一一拔高,而后很劳累地回到家中,对家人说:"今天真把我累坏了,我帮助禾苗长高啦!"他的儿子跑到田里一看,禾苗都枯萎了。文章最后说道:人世间不想帮助禾苗生长的人是很少的。认为养护禾苗无用而不努力的,只是种禾不耘锄的懒人。至于为了帮助禾苗生长而拔高它,这不但无益,反而有害。文章讽刺那些不按客观规律办事的人,愿望固然好,但急于求成,蛮干胡干,结果势必事与愿违。

　　我们想写好杂文,可以学习孟子,仿效揣摩他的文论。其杂文大体有三个特点:其一善讽刺。孟子语言辛辣尖锐,风格诙谐幽默,这正是杂文的特质。其二会说理。孟子重视说理,逻辑严密,言之有据,令人信服。其三有正气。孟子心中有民众,充满正义感,"舍生取义"是他的做人原则。他强调的"富贵不能淫,贫贱不能移,威武不能屈",千百年来成了仁人志士的处世标准。

　　二、《说"大"》

　　杂文《说"大"》是黄自强先生的佳作,20 世纪 80 年代初发表于《安徽老年报》,其题材、手法都颇具代表性。

　　新中国成立以来,"大"字与我们的关系可谓多矣、深矣!

大搞、大办、大上、大打、大兴、大会战、"大跃进"、大破大立。只要张嘴说、动手写就离不开"大"字。

"大"的目的也许并不坏,无非是想在不太长的时期内,创造一些史无前例的,惊天地、泣鬼神、垂千古的不朽功业。具体一点,就是要达到"高指标",实现"高速度"。为了"大"和"高",就必须"大造舆论""大造声势",于是就"大喊大叫""大书特书""大树特树"。如此等等。

……

在认真总结经验教训,努力实现"四化"的时候,那种说"大"就是有干劲,说"大"就是有气魄,"大"字喊得越多就越革命的错误观念,必须彻底清除。我们应该清醒地认识到,这些年来,我们吃"大"字的亏,已经够大的了。我们今后的计划和口号应该是实事求是,符合客观规律,真正有指导性,有号召力。领导机关、宣传部门、负责同志发指示、写文章、做报告时,要多在"实"字上下功夫,对"大"字的使用则应慎重斟酌,该大则大,切不可大而化之地随手拈来。

三、"红烧肉"博士论文的模式

红烧肉是家常美味,对中国人来说是最熟悉不过的一道菜。然而在网络上,却有人拿"红烧肉"做例子,道出了写作学士、硕士、博士论文的模式。关于"红烧肉"博士论文的要求,据说是这样的:

序言：历史上猪肉食谱的文献综述、理论意义和现实价值、不足和问题。

第一篇（第一章至第三章）：猪是怎样养成的；

第二篇（第四章至第五章）：猪的各个部分肉质的区分和作用；

第三篇（第六章至第七章）："马克思理论"不同发展阶段对红烧肉发展的影响和启示；

第四篇（第八章至第十章）：红烧肉制作的实证研究（变量选取、理论模型和计量分析）。

结论：红烧肉是不是可以吃，取决于很多复杂的因素。总体来看，在满足一定约束条件下，红烧肉是不错的营养、美容食品，但操作过程中还需要真学、真懂、真用马克思剩余价值理论，有必要的情况下需要进行理论创新和政策支持，使红烧肉更好地实现增加营养、避免增肥和促进社会和谐的作用。

这篇关于"红烧肉"博士论文的写作模式，不管它出于什么用意，读者都能感受到它是一篇上好的杂文，讽刺力度相当大。人们读了它，自然而然地产生种种联想。红烧肉就是红烧肉，制作它固然有一定的程序，但犯得着小题大做吗？写文章如此形式主义，也算是新的"八股文"了。如果做其他事不能摆脱形式主义，不能实事求是，其办事效率和结果将会怎样，是可想而知的。

第五节　小小的小品文

小品文,顾名思义,乃短小之文字作品也,常简称小品。"短小"指文章的规模,小品文因不同的题材,自古又有讽喻小品、时事小品、历史小品和科学小品等。

小品文之"小",是相对于经世文章、廊庙文学之"大"而言的。然而,就像林语堂所言,经世文章"禁忌甚多,蹈常习故,谈不出什么大道理来",反倒是小品文"以自我为中心,以闲适为格调",自由灵活,"'宇宙之大,苍蝇之微'无一不可入我范围",开拓了中国文艺的新境界,使人展露出自然的、活泼的本心。

小品文的"小道理"

小品文的特征,首先是篇幅短小,但只着眼于略和短,并不能完全体现现代小品文的真实概念。鲁迅曾在《杂谈小品文》里说:"但篇幅短并不是小品文的特征。一条几何定理不过数十字,一部《老子》只有五千言,都不能说是小品。这该像佛经的小乘似的,先看内容,然后讲篇幅。讲小道理,或没道理,而又不是长篇的,才可谓之小品。"

鲁迅指出小品文的"小",首先是"小道理",这对我们掌握小品文的特征,是很有指导意义的。可见,内容是第一位的,内容决定形式,形式是为内容服务的,只有形式与内容相协调,才有完美的作品。所以说,讲小道理,只能用短小篇幅,长篇大论自然不成为小品文了。

　　古往今来的小品文很多,其形式灵活自由、潇洒活泼。归纳起来,不妨这样认为:那些除戏曲、小说、诗歌之外的,只讲小道理而文学色彩又较浓的散文、杂文、随笔、漫话等短文,大体可称作小品文。短小,是小品文的一个必要前提。随着短小而来的一个问题,自然是精悍,这就要求作者在内容和语言文字上反复琢磨,精心提炼。鲁迅就曾指出:"将语法和词汇更加提炼……这于文学,是很有益的。"

　　我国近代历史上,曾有一份与小品文存在密切关系的期刊,叫《语丝》。《语丝》创刊于 1924 年,停刊于 1930 年。鲁迅的散文诗集《野草》、周作人的著名散文集《雨天的书》,其中所辑作品多在《语丝》上发表过。兴许因为《语丝》专门刊登小品文,现今有的报刊仍取"语丝"作栏目名,发表一些小品文,倒也有了新的意味。像《咬文嚼字》期刊里就有一个颇受读者喜欢的栏目,叫"语丝"。至于"语丝"这个名字的由来,川岛(章廷谦)先生在《说说〈语丝〉》一文中介绍:1924 年 11 月 2 日,钱玄同、江绍源、顾颉刚、周作人、李小峰、孙伏园、川岛等人在北京东安市场的开成豆腐店聚会,决定出一个周刊,大家写稿,印刷费由鲁迅和到场的 7 人分担,每人每月 8 元。刊名大家一时都想不出,便由顾颉刚在带来的一本《我们的七月》中,随手先后点了两个字,便是"语丝"。此名得来纯属偶然,但它似乎还像一个名称,大家便赞同了。再细细品味,颇觉像一碟佳肴:"语"之"丝"也! 丝者细小,故与小品文很相当。

讽喻小品

讽喻小品在我国有着悠久的历史,早在春秋战国时期就已经有人写作了,它用幽默讽刺的笔调,批判错误的思想观念,抨击社会上的腐朽事物,予人以警示。这种小品文富有战斗性,人们也往往称其为杂文。

讽喻小品题材广泛,形式多样。它在长期的历史发展过程中,形成了不同的流派和风格。从先秦的《左传》《战国策》《墨子》《孟子》《庄子》《列子》《荀子》《韩非子》《礼记》《晏子春秋》《吕氏春秋》,到汉代的《淮南子》《史记》,再到唐以来的诸多经史典籍,都或多或少地收有大量的讽喻小品。从春秋战国的诸子百家,到以后的干宝、元结、柳宗元、罗隐、宋谦、刘基、纪昀、钱大昕等,都是创作讽喻小品的高手。古往今来的讽喻小品,或托物喻意,或嬉笑怒骂,以敏锐的洞察力揭露生活中的荒谬事物和丑恶现象。前者迂回曲折,耐人咀嚼;后者语言泼辣,淋漓痛快。它们不仅在当时具有扼喉抚背、振聋发聩的积极作用,即使在今天也能新人耳目,启迪心智。

历史小品

历史小品是一种说古道今的小品文,即撷取史海浮沉的人文故事,通过史实和艺术形象表达一定的思想内容。例如2002年5月底,韩日足球世界杯即将开幕,中国足球队在整装迎战之际,笔者从足球历史的角度写了一篇小品文《蹴鞠——中国古代的足球运动》。该文如此说：

　　读班固《汉书·枚乘传》，发现其中有"弋猎射驭狗马蹴鞠刻镂"的记载，"鞠"在此为名词，是古时的一种皮球，"蹴"是用脚踢，"蹴鞠"就是踢足球。而《汉书·艺文志》列兵技十三家，《蹴鞠》便是其中之一，它是我国最古的一部专门的足球著作，也是世界上最早的一部足球书。古人早将蹴鞠技法列入兵法，旨在研其战略战术。唐初著名学者颜师古注释："鞠，以韦为之，中实以毛；蹴踏为乐。"所说的"韦"是一种熟牛皮，可见古时的足球已用熟牛皮制成，应该非常坚实。

　　足球运动在汉代已初具规模，《蹴鞠》二十五篇中的一篇《域说篇》就足以说明。"域"指球场和球门，它专述球场、球门的制作方法及其使用规则。李尤《蹴鞠铭》说，球场又名鞠城，球队每方六人，球门每方也六个，即在球场两端各设置六个洞，作为入球之门。此外，还有裁判制度和踢球规则，使足球嬉戏有法可依。

　　汉魏时代，一些宫殿前面多建有足球场。一些重要比赛，皇帝还亲临观赏，像三国时魏人卞兰所作《许昌宫赋》这样写道："设御座于鞠城，观奇材之曜晖。二六对而讲功，体便捷其若飞。"当时参加足球竞技的队员，其运球、射门动作之迅猛，正是"体便捷其若飞"了。因此，汉武帝、魏武帝等帝王常为高超的足球技巧而入迷，说不定要上场踢上几脚过把瘾哩！

历史小品文,主要是讲历史知识,议论少,抒情多,以某些戏剧性的情节、轻松活泼的语言,给人以哲学思考,发人深省,也使读者在开阔视野的同时还获得欢乐。

科学小品

科学小品始于20世纪30年代中叶,当时现代科学普及先驱们提出"科学与文学结合"的命题。在那时,这个命题的基本内涵指的是"科学内容与文学形式的结合"。这类作品在历史上虽不很多,报刊时有呈现,但十分引人注目。特别是新中国号召向科学进军以后,科学小品像雨后春笋一样兴盛起来。人们称誉它为科学普及战线上的"轻骑",因为它短小精悍,富有吸引力和战斗力。

科学小品直接联系生活,反映社会,直抒胸臆,表现作家的爱憎与理想,是其相对一般科普短文的优势所在。

科学小品具有一定的文学性,故而成为普及科学的一种良好形式。它吸引"对科学并不内行"甚或"对科学不是很爱好"的读者来关心科学,获取科学知识。当一个读者对科学还没有入门时,往往因为科学小品的趣味性,开始对某一学科感兴趣,乃至跨进这一学科领域的大门。从这个意义上说,如果视科学小品为"科学向导"或"科学媒人",都是适宜的。

科学小品相对于科幻小说、科学故事、科学相声、科学童话和科学诗等各种科学文艺形式来说,在我国诞生得最早,出产得也最多,但它在创作方法上,并没有固定的模式,还需要我们不断探索它的创作特点。

一、小中见大

科学小品运用了小品文的笔调来普及科学知识,传播科学思想和科学方法。当然,短小是相对的,一般科学小品的字数,长则两三千,短则几百,大多在千字上下,多为"千字文"。

科学小品的道理小、篇幅小,但就其知识容量和所产生的作用而言,往往是很大的,这便要求取材的主题意义要大。"观古今于须臾,抚四海于一瞬",旁征博引,广采杂收,这正是科学小品的长处,也是科学小品创作的一个难点。像著名作家叶永烈先生早年所写的《瞭望宇宙的"窗口"》这篇科学小品,一共不到800字,篇幅不能不算短小了,但其容量颇大,它围绕我国制成第一台射电望远镜这一条新闻,在读者面前交错地展现了关于无线电学、天文学、气象学和光学等方面的知识,由小见大,为人们开阔了眼界,认识到自然界事物之间的辩证关系。

科学是大海,时刻翻腾着巨浪,科学小品则用"快镜头"摄取这些壮丽的浪花。浪花虽小,但晶莹闪烁,小中见大,引人入胜。应该说,只讲小道理的科学小品,并不一定比讲大道理的文章差。正如一首不讲什么大道理的小诗,它所展现的思想内容,也许比一篇理论文章更广阔,因此更能拨动读者的心弦。

二、科学性

对科学小品提出科学性的要求,是理所当然的。它们从来就不是纯文学,而是以普及科学为写作宗旨的。这就是说,科学小品只是运用文学的语言和手段，它所传达的科学内容必须是真实的，这是不能含糊的。否则，科学小品就失去了存在的价值。我们既不需要"有科没普"的作品，也不需要"有普没科"的作品。金代文学家王若虚在《滹南诗话》中说："真伪未知，而先论高下，亦自欺而已矣。"这是诗话，对科学小品的创作同样有指导意义。

三、深入浅出与浅入深出

科学小品的创作和一切科学文艺作品一样，其作用是借助文艺手段普及科学知识和开拓未来，因此应该占有科学知识。

过去，有些科学小品里的知识过于肤浅，都是人尽皆知的东西，那就没有意义了。因此，科学小品要尽可能写得"深"一些。所谓深，主要指小品在思想性和知识性方面具有一定的深度，当然在文学的表现手段上也存在一个深度的问题。鲁迅说过："选材要严，开掘要深。"究竟深到什么程度？这取决于作者的开掘、提炼和加工。宇宙之大、原子之微，创作的题材尽在其中。

深，不等于深奥。科学小品必须使广大读者看得懂，而又喜欢看。否则，就谈不上普及。这就要求解决好通俗化的问题。通俗与肤浅是两回事，通俗，应该深入浅出。要做到深入浅出，就要求作者熟知有关的科学知识，只有深刻地掌握它，才能浅显地表现它，下笔才得心应手，运用自如。有人比喻，为了喝一杯水，必须挑满一缸水，就是这个道理。

在浅出的过程中，科学术语往往是拦路虎。写科学小品，创作科学文艺，应该下功夫驯服科学术语这个拦路虎。有了好的比喻，深奥的科学术语便迎刃而解了。笔者早年在写《天外来客》

《给金属穿上气体外衣》《地球的花衣裳》《走马灯的后代——燃气轮机》等一类小品时,都运用了比喻,力求避免专业术语,效果比较好。如果我们把一些与科学知识相关的小故事、传说、诗歌等信手拈来,并与比喻相结合,加进科学小品中,作品定会更轻松活泼,这时其中的专业术语将不是拦路虎,而是路旁悦目的垂柳和花草。

四、寓理于情

这里所说的"理",是指作品的科学性,"情"则是文学性。科学小品除了要求其科学内容正确之外,还要求具有鲜明的文学特色,否则就失去了小品文的意味。笔者喜欢隆冬冰雪,故曾撰写一篇《六出飞花》的小品,从标题到正文内容,很注意抒情和修辞,故有情趣盎然的阅读效果。

文艺需要形象思维,讲究有血有肉的形象、引人入胜的情节、群众喜爱的语言,要以情感人,使读者爱其所爱,恨其所恨,这贵在抒情;自然科学则需要严密的推理、坚实的论证,以理服人,使人沿着论者指引的方向,推导出必然的结论和结果,这贵在说理。而科学小品对这两方面的要求兼而有之,不然科学普及只会是干瘪无味的叙述,板着面孔在说教,广大读者肯定是不喜欢的。弄得不好,就可能如鲁迅所说的那样:"盖胪陈科学,常人厌之,阅不终篇,辄欲睡去。"

第六节　散文性的报告文学

报告文学,是一种介于新闻报道和文学作品之间的文学形式,其特点是新闻性、文学性,外加及时性。何以说它具有散文性呢?

一种特殊的散文

报告文学是一种在真人真事的基础上塑造艺术形象,以文学手段及时反映现实生活的文学体裁。茅盾先生在《关于报告文学》一文里这样解释:报告文学是散文的一种,介于新闻报道和小说之间,也就是兼有新闻和文学特点的散文,运用文学语言和多种艺术手法,通过生动的情节和典型的细节,迅速及时地报告现实生活中具有典型意义的真人真事。其题材因为是刚发生的某一件事,所以报告文学有浓郁的新闻性,但它又跟报章新闻不同,它必须充分地形象化。将事件发生的环境和人物活生生地描写出来,读者便如同亲身经历,且从中明白作者所要表达的思想。

简而言之,报告文学是运用文学艺术形式真实、及时地反映社会生活事件和人物的一种文学体裁,具有"文学轻骑兵"的作用。

报告文学的往日风尘

早在 1789 年,法国资产阶级大革命时期,德、俄、美诸国的一些进步作家取材于现实生活所写的"旅行记",就已具有报告文学的特色。俄国十月革命后,报告文学进入成熟期。美国记者约翰·里德描绘十月革命的长篇作品《震撼世界的十天》,乃历史上报告文学的名篇。

19世纪的晚清,报纸登陆中国,散文与新闻结合的产物——报告文学开始孕育。梁启超写的《戊戌政变记》,明显具备了报告文学的特征。五四运动为中国思想、文化带来了深刻的变革,报告文学在题材和思想内容上也取得了突破。瞿秋白、冰心、梁启超、鲁迅、柔石等名家都积极地写作报告文学,宣扬爱国主义思想。但"报告文学"这个名词直到1930年才被正式引进中国。1932年,阿英选编的《上海事变与报告文学》,是第一部以报告文学命名的作品集,它对这一新兴体裁的发展起到了积极作用。

20世纪30年代初,报告文学的主题是宣传革命和抗日。在"左联"的推动下,反映工农苦难生活的作品日益增多。30年代中后期,报告文学创作迎来了丰收期,优秀作品有夏衍的《包身工》、萧乾的《流民图》、宋之的的《1936年春在太原》、胡愈之的《莫斯科印象记》、邹韬奋的《萍踪寄语》、范长江的《中国的西北角》等。《中国的一日》是这一时期的一部大型报告文学集,这部作品的作者大多是非文学圈内人,但文章水平并不低,体现了报告文学的群众性。

从抗日战争到中华人民共和国成立的十几年里,社会和生活的剧变为报告文学提供了丰富素材。范长江的《卢沟桥畔》系列战地报告文学、丘东平的《第七连》等作品,描写了抗日的正面战场;姚雪垠的《战地书简》等再现了人民自发的抗日热情;萧乾的

《血肉筑成的滇缅路》，披露了鲜为人知的国际援助情况；黄钢的《开麦拉前的汪精卫》，运用镜头语言，刻画了大汉奸汪精卫的内心世界。解放区的报告文学是革命历史的记录，描述了劳动人民中的先进人物和民族英雄，情感真切。其中，周而复的《诺尔曼·白求恩片断》堪称表现先进人物的优秀代表作。刘白羽关于东北战场的报告文学，以强烈的政治抒情色彩取胜。

中华人民共和国诞生后的报告文学，多以讴歌新社会、新生活、新人物和新事物为内容。抗美援朝是20世纪50年代最引人瞩目的题材，涌现出许多影响巨大的作品。其后，报告文学同其他文学一样，曾走过一段坎坷之路。党的十一届三中全会让文学创作迎来新时期的曙光，开创了中国报告文学的新纪元。

如能重读昔日的报告文学名篇，定会温故而知新的。

《包身工》

《包身工》作者是著名作家夏衍，写于1935年，时代背景是"一·二八"事变前后到抗日战争前夕的国民党统治区，帝国主义与中国封建势力相勾结，奴役中国劳工。引用作品的原话说："在这千万被压榨的包身工中间，没有光，没有热，没有希望……没有法律，没有人道。这儿有的是二十世纪烂熟了的技术、机械、制度，和对这种制度忠实地服役的十六世纪封建制度下的奴隶！"当时大批破产农民被骗到上海做没有人身自由的包身工，特别是农村少女被摧残。文章开头这样写道：

旧历四月中旬，清晨四点一刻，天还没亮，睡在拥挤的工房里的人们已被人吆喝着起身了。一个穿着和时节不相称的拷绸衫裤的男子大声呼喊："拆铺啦！起来！"接着，又命令似的高叫，"芦柴棒，去烧火！妈的，还躺着，猪猡！"

七尺阔、十二尺深的工房楼下，横七竖八地躺满了十六七个被骂作"猪猡"的人。跟着这种威势的喊声，充满了汗臭、粪臭和湿气的空气里，很快地像被搅动了的蜂窝一般骚动起来。打哈欠，叹气……

为了创作这部作品，夏衍先生在一位女工的帮助下，冒险混入上海东洋纱厂做了两个月的苦工，全文真切地渗透着旧中国劳工的血和泪，真实地反映了包身工悲惨的遭遇，控诉了包身工这种罪恶制度。

文章最后说："但是黎明的到来，毕竟是无法抗拒的。索洛（美国作家）警告美国人当心枕木下的尸首，我也想警告某一些人，当心呻吟着的那些锭子上的冤魂。""锭子"是指机器上的纱锭，就是说那些呻吟在纱锭上的被压榨者，总有一天要起来推翻并埋葬一切压迫者！

《哥德巴赫猜想》

《哥德巴赫猜想》是《人民文学》杂志于 1978 年首期发表的一篇报告文学。同年 2 月 16 日被《光明日报》隆重转载，"编者按"这样写道："我们高兴地向大家推荐《哥德巴赫猜想》一文，老作家

170

徐迟同志深入科研单位写出的这篇激动人心的报告文学,热情讴歌了数学家陈景润在攀登科学高峰中的顽强意志和苦战精神,展示了陈景润对解决哥德巴赫猜想这一著名难题的卓越贡献。"

"哥德巴赫猜想"是数学上一个什么样的难题?它又是怎么与陈景润结上缘分的呢?徐迟先生在文章里娓娓道来,耐心地导引着读者去了解陈景润的动人事迹。不妨摘录三两段,以飨读者:

数学分两大部分:纯数学和应用数学。纯数学处理数的关系与空间形式。在处理数的关系这部分里,讨论整数性质的一个重要分支,名叫"数论"。17世纪法国大数学家费马是西方数论的创始人。但是中国古代老早已对数论做出了特殊贡献。《周髀》是最古老的古典数学著作。较早的还有一部《孙子算经》。其中有一条余数定理是中国首创。后来被传到了西方,名为孙子定理,是数论中的一条著名定理。直到明朝以前,中国在数论方面是对人类有过较大贡献的。13世纪下半叶更是中国古代数学的高潮了。南宋大数学家秦九韶著有《数书九章》。他的联立一次方程式的解法早出了五百多年。元朝大数学家朱世杰著有《四元玉鉴》,他的多元高次方程的解法,比法国大数学家毕朱也早出了四百多年。明清以后,我们落后了。然而中国人对于数学好像是特具禀赋的。中国应当出大数学家。中国是数学的故乡。

......

自从陈景润被选调到数学研究所以来,他的才智的蓓蕾一朵朵地烂漫开放了。在圆内整点问题、球内整点问题、华林问题、三维除数问题等等之上,他都改进了中外数学家的结果。单是这一些成果,他那贡献就已经很大了。但当他已具备了充分依据,他就以惊人的顽强的毅力,来向哥德巴赫猜想挺进了。他废寝忘食,昼夜不舍,潜心思考,操测精蕴,进行着大量的运算。一心一意地搞数学,搞得他发呆了。有一次,自己撞在树上,还问是谁撞了他。他把全部心智和理性统统奉献给这道难题的解题上了。他为此而付出了很高的代价。他的两眼深深凹陷了。他的面颊带上了肺结核的红晕。喉头炎严重,他咳嗽不停,腹胀、腹痛,难以忍受。有时已人事不知了,却还记挂着数字和符号。……他终于登上了攀登顶峰的必由之路,登上了(1+2)的台阶。

　　他证明了这个命题,写出了厚达两百多页的长篇论文。

　　陈景润,不愧为当代数学家。1973年发表的(1+2)的详细证明,被公认为是对"哥德巴赫猜想"研究的重大贡献。1981年3月,他当选为中科院学部委员(院士)。

　　徐迟的报告文学《哥德巴赫猜想》,是敏锐捕捉时代精神的一部力作,是文学对社会历史进程的一次有力参与。徐迟写陈景润,刻画的是活生生的人物形象。全文1.8万字,像一首长诗,将玄奥的科学术语和抽象的数学概念变得形象可亲,从而实现了文学性、新闻性和政论性的完美统一和融合。

第四章

快乐地阅读

阅读快乐吗？当然快乐！孔子早在 2000 多年前就已给出答案："学而时习之，不亦说乎？"这里的"说"与"悦"是通假字，快乐也。笔者记得幼时上私塾破蒙，家里给我买了一个方形的铜墨盒，盒盖上刻了一句话："读书写字天下第一乐事。"这给笔者留下了深刻的记忆，也成为笔者一生的座右铭。张元济先生正是这样说："天下第一好事，还是读书。"他把"天下"与"第一"连在一起说，可见读书是何等重要的大好事！一个人能够做这样重要的事，能不高兴吗？

书是一座快乐的富矿，储存了大量欢愉因子，只要你愿意抚卷展读，定会独享其乐。读书的时候，人随之专注。因为你在聆听一些高贵的灵魂的无声自语，不由自主地谦逊和聚精会神。读到妙处，那些智慧和精彩，那些英明和通透，会令读者眉飞色舞，甚至拍案叫绝。也许有人说，我读书时，甚至会哭！哭，其实也是一种广义的笑，因为灵魂在此时舒展，尽情宣泄，哭过之后就会畅爽。

再说，读书毕竟是一种脑力劳动，劳动不可能不苦。但先苦才会后甜。读书可以增长见识，提升智慧，从而改变人生命运。从这个意义上说，读书最终还是令人快乐的。清代文人袁枚有一

首题为《寒夜》的小诗,描写了快乐的读书情景:

> 寒夜读书忘却眠,
> 锦衾香尽炉无烟。
> 美人含怒夺灯去,
> 问郎知是几更天!

　　夜深人静,一卷在手,无人打扰,进入那忘我的境界,直读至"锦衾香尽炉无烟"的时候,惹得娇妻"夺灯去",怒问"知是几更天"。这是古人忘我读书的快乐境界!

　　读书是一种心灵活动,是一种高超的文化享受。窃以为,真正的读书当是一种了无牵挂的精神畅游,一种毫无功利的休闲娱乐,一种与师长或圣贤对话的过程。这种畅游与对话,不必事前打招呼,翻开书页就可闯进大门,登堂入室,且可经常去、随时去。如果不得要领,即可不辞而别,或另找高明。不论我们要参见的高人是在国内还是国外,也不论他在现代还是古代,不论他是什么专业,不论他是讲正经大道理还是聊天说笑,都可挨近"听"个够。可以说,每一本书,不论小说、散文、戏剧、游记、传记,还是诗词、哲学,都别有天地,别有日月星辰,而且有生活其间的各种人物。如此大千世界,我们不必赶赴路程,也根本无须花钱买门票,完全可以自由出入。那种为谋求生活、谋求功名而读书的人,包括那种为功利苦读经典者,都无法真正体会到阅读的快乐。

　　一言以蔽之,阅读是要从书中吮吸"心灵鸡汤",即用心读,用情读,汲取做人的精神力量。有的人买书只是摆设,其实并不读,那是用书装门面,自欺欺人。坚持读书的人都明白,长期跟一流文章打交道,是能提升自己的精神境界的。用老话说,这就是"尚友古人"。正如宋代大文学家苏轼所言:"腹有诗书气自华。"无怪今日媒体的某些读书栏目,多用"悦读"表述,变"阅读"为"悦读",借用谐音,表达"快乐阅读"之意。《合肥晚报》就曾设有《悦读周刊》栏目,收录美文,阅读的快乐自在其中了。

更奇妙的是,科学家说"阅读能减轻痛苦"。英国利物浦大学阅读、文学和社会研究中心的一项研究发现,阅读可以有效缓解慢性疼痛。其机理是读书可以激活人们对过去快乐时光的记忆,忘却目前身体所承受的病痛。

第一节 读书致用

少年时,父亲书房里挂有一副楹联:"书到用时方恨少,事非经过不知难。"几十年来,我深感其是。中国人讲究"经世致用",读书是为了有用。所以在农耕时代,百姓也不忘读书,谚语就强调:"穷莫丢书,富莫丢猪。"又说:"三代不读书,不如一窝猪。"坚持读书,懂得这个世界上有很多奥秘值得探索,尤其是了解到可以为师的人太多了,自然而然地不敢轻狂,从而养成谦恭的良好品性。

阅读学习可以使人获得新的知识,获得新的理念,从而产生收获的喜悦。莎士比亚说:"书籍是全世界的营养品。生活里没有书籍,就好像大地没有阳光;智慧里没有书籍,就好像鸟儿没有翅膀。"人不能不读书,对很多人来说,沉浸在书的海洋里感到最愉悦、最幸福。研究证明,读书能提高智力,延年益寿。

古人拒绝"读书无用论"

"腹有诗书气自华",一个"自"字,强调了高雅不凡的气质源于书香浸染。这是北宋苏轼离任凤翔府判官时,写给好友、新科进士董传的诗《和董传留别》中的一句,说明读书不仅可以长知识,还可提升人的精神境界,使人的气质高雅。曾国藩对儿子说:"人之气质,由于天生,本难改变,惟读书则可变化气质。"英国哲学家培根这样阐述读书与人的性格气质的关系:"读史使人明智,读诗使人灵秀,数学使人周密,科学使人深刻,伦理学使人庄重,逻辑、修辞使人善辩,凡有所学,皆成性格。"

读书的用处有大有小,有远有近,多种多样。清代"诗书画三绝"的郑板桥,对读书目的的理解不同于流俗。他说读书人要"得志,泽加于民;不得志,修身见于世"。他尖锐地指出:"今则不然,一捧书本,便想中举、中进士、作官,如何攫取金钱,造大房屋,置多田产……起手便走错了路头,后来越做越坏,总没有一个好结果。"他52岁喜得一子,但要求家人不能骄纵。他辑录"须知盘中餐,粒粒皆辛苦"的五绝四首,令其子"且读且唱"。在200多年前,郑板桥这样做可谓难能可贵。

浙江有个南浔古镇,那里有一座举世闻名的藏书楼,叫嘉业堂。凡到此参观的人,都会听到讲解员这样介绍;"中国有句俗语,'富不过三代',你们看这家第三代就出了个酷爱读书的文化人。"第三代这个文化人读书入迷,爱书成痴,把前两代积累的巨大财富全买了书来读,鼎盛时期藏有十六七万册书,其中不乏孤本、善本,建成了这座藏书楼。现在,这座藏书楼是全国著名的文化古迹之一,也是浙江图书馆的分馆。南浔古镇解放前夕,周恩来总理曾专门有个批示,告知解放军攻城部队,这里有一座藏书楼,不许炮火轰击,一定要保护好。我们说,幸好这个第三代把祖辈积攒的钱财都变成了书,让这个家族因此流芳百世!这就是书的魅力!

自古读书人都爱寻访藏书楼,为的是纪念先贤,觅读好书。有道是:"我们民族的文脉相传靠的是文字,而书是文字的载体,可以说我们今天所知道的一切都来自书。书有赖于藏书家的历代保护,如果没有他们,我们很可能对我们的上古史一无所知,这就是历代藏书家的功劳。"

今天为何要强调阅读

2017 年 4 月 8 日,在中央电视台《开讲啦》栏目上,时任中国国家图书馆馆长的韩永进应邀作了精彩的演讲,主题就是"我们为何要读书",听讲者无不为之震动。

读书,不仅是一个国家国民素质的重要标志和文化软实力的具体体现,也是一个人提高文化素养、提升文化品位的重要途径。中华民族历来崇尚读书,在中国 5000 年文明史中,读书人总是站在文明的潮头,从先秦诸子百家,到五四文化觉醒,再到当下的中华民族伟大复兴,书香源源不断,让每一个中国人都引以为豪。

有识者认为,阅读是一个与智者对话的过程。智者素来认为,读书能改变人生,改变人的命运。读书是与久远的哲人先贤、现今的博学名师相聚;读书使知识更深层次地渗透到精神领域,净化心灵,修身养性;读书是一个理性思考的过程,可以加深对世界的认识和理解。对年轻人而言,读书可以帮助他们了解历史、触摸社会、眺望未来。由此可见,人们还是渴望通过读书而有所改变。这种改变,主要是打开眼界、开阔视野、增加内涵。一个认真读书的人和不读书者的不同,很大程度体现在气质和人生态度上。

季羡林先生在《季羡林谈读书治学》(典藏本)一书中说:

人类千百年以来保存智慧的手段不出两端,一是实物,比如长城等;二是书籍,以后者为主。在发明文字以前,保存智慧靠记忆;文字发明了以后,则使用书籍。把脑海里记忆的东西搬出来,搬到纸上,就变成了书籍,书籍是贮存人类代代相传的智慧的宝库。

后一代的人必须读书,才能继承和发扬前人的智慧。人类之所以能够进步,永远不停地向前迈进,靠的就是能读书又能写书的本领。我常常想,人类向前发展,有如接力赛跑,第一代人跑第一棒,第二代人接过棒来,跑第二棒,以至第三棒、第四棒,永远跑下去,永无穷尽,这样智慧的传承也永无穷尽。

今天，读书究竟有什么用？韩永进在演讲中认为：人的思想的最高境界，就是把读书作为一种追求，作为一种人生态度，作为生活的一个组成部分。人们身体感到饥饿时需要吃饭，精神饥渴时就需要读书学习。他进一步分析说：

　　1840 年以来，帝国主义的侵略让中国天下大乱，民不聊生，1935 年的"一二·九"运动中，最有名的一句口号就是："偌大的北平，已经放不下一张平静的书桌了！"到了 1949 年以后，特别是改革开放以来，中国人经济上富起来了，"仓廪实，知礼节；衣食足，知荣辱"，富了口袋以后，人们希望更富脑袋，所以我们国家、我们民族倡导的"全民阅读，书香社会"，所有这些都为我们创造了一个非常好的条件。

确实，当下的时代，就是读书的最好时代！所以说，我们要打造"书香社会""书香中国"！

据了解，高考一直在进行改革，考题的内容和形式将出现大的变革。专家有言，得语文者得高考，得阅读者得语文。这意味着语文水平非临时抱佛脚所能奏效，它来自平日多种内容的阅读。所以说，今天不能不强调阅读。

名家阅读逸闻

清朝重臣左宗棠，虽是带兵的武将，但对读书情有独钟。他曾说:"读未见书,如得良友;读已见书,如逢故人。"

一、王云五读书

著名学人王云五先生,头衔挺多——学者、教育家、出版家、企业家,还有"博士之父"称号。但此人没上过什么学堂,全靠自学成才。他说:"宁可一日不吃饭,不肯一日不读书。"王云五读书很多,胡适说他读书最博、最多,绝不是虚夸。王云五不只是当"书橱",他读书以思,读书以用,著作亦等身。他率先在我国台湾倡导博士教育,硕士、博士出其门下者众多,"博士之父"的头衔由此而来。可见埋头读书成就了王云五一生的大事业。

二、曹聚仁读书

著名作家、报人曹聚仁一生教书写书,爱书如命,读书如痴。他自幼酷爱读书,一年除夕,屋外鞭炮声声,他却置若罔闻,独坐阁楼,通宵达旦地读他心爱的书。他不爱借书看,认为借书看不过瘾,书只有反复看,才能心领神会。他说他读《红楼梦》多达百遍。

三、莫言读书

著名作家、诺贝尔文学奖获得者莫言,在他的作品《会唱歌的墙》里,介绍了自己童年迷恋读书的往事,说看"闲书"是他的最大兴趣。父亲反对他看"闲书",怕他因看"闲书"耽误了割草放羊,所以他看"闲书"就只能像搞秘密活动一样。他因家贫实在无书可读,只好变着法子找书来读,他说的例子感人至深:"我偷看的第一本'闲书',是绘有许多精美插图的神魔小说《封神演义》。那是班里一个同学的传家宝,轻易不借给别人。我为他家拉了一上午磨才换来看这本书一下午的权利,而且必须在他家磨道里看,并由他监督着……这本用汗水换来短暂阅读权的书,留给我的印象十分深刻。"为了偷看他哥哥借来的一本《破晓记》,他在猪圈的棚子里头脸被几十只马蜂蜇得奇痛难挨,眼肿得只能睁一条缝儿,还抓紧着看完了书。

四、华君武读书

著名画家华君武画有一幅漫画《输液》,把读书比喻成输液,认为读书可以治疗愚昧。阅读相对于实践,也是一种吸取知识的重要途径,读书得到的知识是多方面的,再把知识用到现实生活、生产和工作中,就知道读书的益处了。古往今来,爱书、爱读书的事迹不计其数,例如司马光视书如宝,鲁迅爱书如命,彭德怀不要元帅服而书一本不能少,侯宝林竟然卖袄买书,等等。至于古人"头悬梁""锥刺股""凿壁偷光""囊萤借光"等苦读方法虽已不足取,但其刻苦的精神还是动人的。可见读书的过程未必都很愉悦,而读书的结果总会令读书人快乐。

今人阅读状况不容乐观

现今信息时代,网络世界日益精彩,它冲击着传统图书的阅读,取而代之的是读屏。君不见,人们除了离不开电脑,更离不开手机。阅读快餐化、碎片化似是一种发展的大趋势。阅读,原本是一个人自己的事,读什么,怎么读,完全因人而异。然而在今日,读书在不少人心目中似乎可有可无,居然需要认真"建议"与"倡导"。遗憾的是,有大学教授透露,校园里似乎很少有学生进行课外阅读,阅读经典原著的更是寥若晨星。他们似乎对阅读没什么兴致,也无意于培养对作品的审美能力。即使阅读,也只是和眼前实际利益挂钩,例如为参加考试而读,为上岗而读,为晋升职称而读,为写毕业论文而读。凡此种种,表明读书越来越成为一种功利化行为。

读书功利化,是值得注意的一种现象。比方说,阅读名著,特别是阅读古人留下的文言经典,总感到离自己太远,既陌生又难懂,不能马上解决眼前的"高考""应聘""考核""职称晋级""岗位培训"等迫切需求,不如学一点应急的东西。这清楚地说明了实用主义对人们的影响。

陶渊明有段名言:"闲静少言,不慕荣利。好读书,不求甚解。每有会意,便欣然忘食。"他这种不慕名利的读书状态和生活态度,对我们今天的读书状况确实有所警醒。

世界读书日

1972 年,联合国教科文组织向全世界发出了"走向阅读社会"的号召,要求人人读书,让读书成为人们日常生活中不可或缺的部分。1995 年,国际出版商协会在第 25 届全球大会上提出"世界读书日"的设想,并由西班牙政府将方案提交联合国教科文组织。该组织也就在这一年宣布:每年 4 月 23 日为"世界读书日"。4 月 23 日,是西班牙著名作家塞万提斯和英国著名作家莎士比亚辞世纪念日,将这一不寻常的日子定为"世界读书日",让伟大作家的精神和智慧化为众人的知识力量,意义重大。

设立"世界读书日"的目的，是推动更多的人去阅读和写作，同时，希望所有人都能尊重和感谢为人类文明做出过巨大贡献的文学、文化、科学、思想大师们，保护知识产权。因而，每年这一天，世界各地都会举办各种庆祝和读书推广宣传活动。多年来，许多国家都把推广阅读活动作为提高国家未来竞争力的重要手段。美国实行"阅读优先计划"，英国努力"建立满是读书人的国家"，日本开展"亲子 20 分读书"活动，芬兰更是以润物无声的阅读让他们国家青少年的阅读分析能力多年来位居世界前列。

我国近年来也格外重视"世界读书日"，举办了很多活动。1 年 365 日，春花秋月，晨钟暮鼓，何时不宜读书？为何需要设立节日特别提醒？可想而知，读书在我国当今已属"稀罕物"，并未与中华 5000 年读书传统有效衔接，更未成为国人的一种生活方式，因此需要大力倡导与推动。期待全国人民都以时不我待的紧迫感，进一步复兴、传承阅读传统。

应该选读好书

阅读固然讲究"学以致用"，但也不宜太讲实用，尤其不必急于"致用"。有时也需要读些"闲书"或杂书，说有用时就有用，甚至终生受用。

笔者记得幼时上私塾，先生教学的方式和我们学子念书的方式，都是所谓的"素读"，意思就是从识字、诵读开始，先生讲课并不带自己的观点，只讲原文的本义。至于读了这些经典有何用，先生是不说的，估计也说不清。真正感到有用，那是成年后自然而然悟出来的。

　　自古图书良莠不齐，甚至有不少屡遭禁毁的坏书。好书收录了前人或他人的实践经验和智慧，读了可以增长知识。真正的好书，应该是具有独特性、思想性的文化产品。独特性就是与众不同，不是人云亦云，老生常谈就没有意思了。思想性就是作者有自己的独创见解。并非只有哲学家才有思想，任何学科、技术著作都是有思想的。从这个意义上说，好书古今都有：有的是经久不衰的经典，有的是近现代作家的优秀著作。阅读好书不一定非得读经典才算"好"，书能会心皆可读，关键在于一个"选"字。

　　选读好书，是古人一贯的倡导。《弟子规》说："非圣书，屏勿视，蔽聪明，坏心志。"意思是，不是好书、益书，就应该丢掉，不要去看，因为不好的书容易蒙蔽人的思想，误导人的精神、志向。古人所谓的好书，是以圣贤之道为标准的。今天评论图书的好坏，当然以导向为要，道德为先。这一点无须赘述。

　　北京理工大学校长胡海岩在对 2015 届毕业生致辞时说：

　　　　在如今书籍随处可见、信息铺天盖地的时代，同学们不妨拨开迷雾，重拾经典。读一读曹雪芹的《红楼梦》，品味中国文学的巅峰之作，别让自己"读尽诗书也枉然"。读一读罗素的《数学原理》，尝试与逻辑大师对话，让自己变得深邃。读一读毛泽东的《矛盾论》和《实践论》，从哲学的高度思考工作、事业，甚至人生。这些经典作品占据人类文明的制高点，经历过时间的考量、思想的涤荡，是最富价值的阅读选择。工作之余品读经典，大家一定会比学生时代更有所感悟。

好书的标准是客观存在的，也是与时俱进的。一句话，今日选读图书，要用今日之眼光，要用今日政治、思想、文艺、科学之尺度，符合当今主旋律的才是好书。

读闲书未必无用

闲书是些什么书呢？站在功利的立场，可以说世上大多数书都是闲书，也就是没有实用价值的书。

王蒙先生主张读的书门类很宽，可以说都属于闲书之类。但只要认真读进去，时间长了，底子厚了，真的会有用。心性和修养这东西，看不见，摸不着，但是"有"和"没有"就是不一样。为着增强人的文化修养、提升人的素质的没有功利心的阅读，才能培养人的素质和能力。

2015年，中央电视台《汉字听写大会》复赛中，安徽队头号种子选手陈天琪一词定胜负，写对"布帛菽粟"，击败山东队对手。陈天琪被誉为"个人牛""全能学霸"。她是优等生、区级三好学生，曾荣获演讲冠军、实践论文特等奖、现场作文大赛特等奖、华罗庚金杯数学邀请赛二等奖。她何以成为"听写牛人"？通过媒体采访我们了解到，陈天琪特别喜欢阅读，像《质数的孤独》《百年孤独》《倾城之恋》《明朝那些事儿》等闲书，甚至连西餐制作和礼仪方面的书籍，她都读过。陈天琪还特别喜欢音乐，她有一个很漂亮的本子,用来抄歌词、美文,其中还包括英文歌词。她能拥有广阔深厚的知识素养,就是平时重视阅读,善于阅读,日积月累而来的。无用之用,才是大用。很明显,她是一个典型的阅读受益者。

学者史飞翔在《学问与气象》一书中,也说到"读点闲书与杂书"的问题,他说:

> 书是人的精神食粮,从一个人的所读之书中大致就可判断出这个人的精神品质。大千世界,芸芸众生。有多少世人就会有多少种阅读习惯。读书就如同吃饭,萝卜青菜,各有所爱。世上绝无人人必读之书。你奉为圭臬的也许在别人眼里压根就一文不值,而人家的甘露或许正是你的毒药。读书完全是因人而异,每个人都应当建立起自己的阅读习惯。
>
> ……
>
> 依据我个人的阅读体验,大凡那些能给人带来愉悦和快乐感受的书多是闲书与杂书,而并非经典。何以如此?盖因阅读闲书、杂书不为功利,不求正果,记得也好,忘却也罢,率性而为,自由自在。欲行则行,欲止则止。没有进度,没有目的,一切皆"自由而无为"。其实闲书与杂书并不像世人想象的那样一无是处。

汪曾祺先生也曾谈过阅读闲书、杂书的好处,特别对自己的写作有益,他说,读杂书至少有以下几种好处:第一,这是很好的休息。第二，可以增长知识，认识世界。第三，可以学习语言。第四，从杂书里可以悟出一些写小说、写散文的道理，尤其是书论和画论。

那么我们究竟该读些什么书？作为当代人大体该读四类书，按重要性可以排列如下：经典书、专业书、时髦书和休闲书。这四类书都应该读，就像人的饮食一样，各种菜饭都该吃，不可偏食，读书也不可偏废。在这四类书中，最难"对付"的恐怕算是经典了，它离我们最远，又是最重要的读物。如果以读者的年龄而论，青少年还是应该多读些经典，包括读一点历史书籍。当然不一定从源头开始读，起码要把近现代史读一读。这样可以知道我们的新中国是如何成立的，了解我们的父兄长辈是怎样走过来的。哲学书也该读一点，哲学是以文化为土壤的，它可以培养人的思想素质。中国的哲学很发达，许多西方学者是非常称赞的，例如法国哲学家伏尔泰就说过，中国人在所有人中是最有理性的。古代的不说，现代艾思奇的《大众哲学》、毛泽东的《矛盾论》和《实践论》，这些书在今天并未过时。还有陈先达的《学点哲学》一书，建议青少年朋友不妨读一读。中年人应该有更高层次的追求，读点诗词、散文。建议老年人除了读些保健养生的书，还要看些青少年的读物，尤其是儿童读物，这样爷爷奶奶可以和孙辈进行隔代交流，做孙辈的朋友。

可以这样说，认真地读点闲书，兴许有助于走进经典。对此，首先须消除功利观念，不要说有些书读了没用，有许多书本来就与实用无关，只为情趣存在。也不要说有些书离现实太远，换个角度,其实它离你的理想很近。至于有的书对你现在帮助不大,但可能对你的终生都有影响。不信,可以试试瞧。

读些"费劲"的书

读书是一种脑力劳动,劳动就必须费劲。即使读自己喜欢的文学书籍,也不能只图一时兴味而不假思索。例如,高中语文统编教材把费孝通的《乡土中国》列为"整本书阅读"单元,要求通读。确实,阅读《乡土中国》有点"费劲",它是社会学的经典论著,知识性、学术性都很强,即使是这方面的专家,读它也难免要费一番心力,何况中学生? 这是教材编选者的特意用心。《乡土中国》论析的是旧中国农村,此书问世至今已过去大半个世纪,广大农村已发生天翻地覆的变化,但"变"中又有哪些未变? 我们在阅读中自然会想到进城的农民工,想到农村改革,想到传统习俗与风气,想到中国的过去与未来,等等。虽然有些"费劲",但好书就在于会引发你无尽的思考,有思考就有新的认识。

当代著名作家王蒙对全民读书十分关注,他曾写有《王蒙话说〈红楼梦〉》,他说:"我喜欢一次又一次地阅读《红楼梦》,我喜欢一次又一次地琢磨《红楼梦》,每读一次都有新发现,每读一次都有新体会新解读。"鲁迅在《〈绛洞花主〉小引》中说:"经学家看见《易》,道学家看见淫,才子看见缠绵,革命家看见排满,流言家看见宫闱秘事。"这是说,不同人阅读同一部作品,因为个人的修养、文化背景不同,所得就有所不同。

至于该如何选读,王蒙先生专门写过一篇短文,叙说该读些什么书。文曰：

　　我主张读一点费点劲的书，读一点你还有点不大习惯的书，读一点需要你查查资料、请教请教他人、与师长朋友讨论切磋的书。

　　除了有趣的书，还要读一点严肃的书。除了爆料的书、奇迹的书、发泄的书，还更需要读科学的书、逻辑的书、分析的书，与有创新、有勇气的书。

　　除了顺流而下的书，还要读攀而上、需要掂量掂量的书。除了你熟悉的大白话的书、朗诵体讲座的书，也还要读一点书院气息的书，古汉语的书、外文的书、大部头的书。

　　除了驾轻就熟的书以外，还要读一些过去读得少，因而不是读上十分钟就博得哈哈大笑或击节赞赏，而是一时半会儿找不准感觉的书。

可以看出，王蒙先生主张阅读一点费劲的书，有些就是与眼下工作、生产都搭不上界的书，或曰闲书。

第二节　阅读有方

现实生活中，肯不肯读书是一回事，会不会读书又是一回事。有的人读了一辈子书，勤勤恳恳，收效未必可观。为什么？原因很多，最大的可能是方法不对头。以笔者之见，会读书的人，大多阅读意识明确，知道自己为何读书，从何入手，怎样展开，又如何穿越千山万水，以到达期望的高点。

　　阅读除了先要培养兴趣，再就是讲究方法，尤其是读古文经典。有些人总觉得古文经典难懂，读时喜欢求助于"经典导读"，认为有了"经典导读"，读起来就省劲了。"经典导读"有用，但作用有限，只是提供登山的拐杖而已，关键还是要自己读，而且是真的在读，只有自己真的下功夫多读、多背，"天时地利人和"，才能发挥作用。否则，别人是帮不了什么忙的。

读经典应讲究钻研

　　所谓经典，多是古籍之精华，是经历了时光考验的文字作品，读它可省去在书海中进行搜寻整理的大量精力，方便快捷地获取最需要、最有益的东西，大大提高读书学习的效果。传统的中国教育，讲究记诵之学。笔者幼时读私塾经历过"念背打"，现在看来，用板子打手掌心可以不用了，念书、背诵的好处还是要承认的。

　　前人有言："尽信书不如无书。"此话听来虽嫌绝对，但也不无道理。图书里写的，报刊里印的，嘴巴里说的，都是一家之言。而人，因学识差异、视角不同，所论所述多有分歧；即使出自一人之手之口，可能因时过境迁，形势有变，也会有所不同。因此，书不可不读，却也未可全信，这就是读书必须钻研的原因。只有钻研，才能读懂，直至读通。因为钻研的过程，就是悟的过程。悟而生慧。悟性是可以学会的，悟性的获得需在清静环境中，自己反复揣摩，不断内省、反思、渐悟，从而顿生智慧，达到通的境界。可以说，这才算得上一个真正会读书的人。

善读者，不仅要遵循快读、精读、深读这"三步曲"，还有必要带着问题阅读。古人所说的疑读，就是带着疑问去读。"问号是开启任何一门科学的钥匙。""为学患无疑，疑则有进。"孔子早就说过："学而不思则罔，思而不学则殆。"不思考、不钻研的阅读，势必很浮浅。

阅读与说、写结合

古人讲究"道德文章"的理念。古人说，文以载道，道以文传。道德与文章，是不可分割的一体两面，虽不能说道德好即代表文章好，但若道德顽劣，其为文往往被视为毫无意义。正如孔子所说："有德者必有言，有言者不必有德。"在当今，坚持"道德文章"的精神，有助于更好地在这个多元化的社会中坚持正确的人生价值导向。

阅读有益于语言开发，写作往往就是从阅读开始的。你从书中吸收了前人或他人的智慧，加上自己的理解消化，便可以下笔成文，出口成章。《东坡志林》记载，有人问欧阳修怎样才能把文章写好，欧阳修回答说："无它术，唯勤读书而多为之，自工。"

古今文人，因勤于读书而有突出成就者甚多。鲁迅先生就是一个例子，他深得国人敬重，文学青年更是崇拜、钦佩他，他是政治家、思想家，他写出了许多传世的富有战斗性的作品，为社会进步做出了卓越贡献。原因就是他勤奋读书，勤奋写作，更在社会实践中学习古今中外的先进思想，"阅读"使他攀登到人类思想的高峰。

打开我国传统文化宝库，可以看到很多优秀的文言文，特别是一些经典短文，这充分证明古人重视把话语说好，把文章写好。文章怎样才能写得短而好呢？多读书，多借鉴。古人有丰富的经验，我们可以从古籍中去发掘。所以说，有必要读一些文言文，精读文言短文更好。

概括起来说，写文章很重要的一条，就是"惟陈言之务去"，即去掉那些陈词滥调，不说空话、废话。换言之，力求主题集中，观点鲜明，取材精当，结构严谨，字斟句酌，不蔓不枝。我们的写作，如果真能下此番功夫，努力做到这几点，文章自然就写短了，也就是把话说到点子上了。

为此，我们要感谢先人为后世留下了大量的文言文，特别是古代文学作品中的短文。古文题材各异，短小精悍，有的说理，有的叙事，有的抒情，有的状物，有的写人，有的记游，有的绘景，一般三五百字，篇幅最短的不满百字，真可谓短矣！但人们读了这些短文，并不感到缺少什么，却往往感到所得甚多，从而留下十分深刻的印象。文言短章，平快简练，千百年来脍炙人口，历久不衰，可见短文章具有很强的生命力。笔者幼年读过一些文言短文，虽不求甚解，但因为当时要求放声诵读，因此几十年后仍觉朗朗上口，用起来也觉方便，可见其对人影响之深！

当然，评论一篇文章的优劣，不能只看其长短，长文章同样有许多佳作。只不过短文章既节约文化资源，又节省时间，更值得提倡！

现在有的人写文章，既不重视实践体验，又不钻研原著，而是习惯把各种二手资料找来，看看别人怎么说，然后综合一通，批量炮制"论文"或应对考试。这种倒卖"二手货"的方式，如同吃别人嚼过的馒头，甚或近乎抄袭。此种懒汉习惯一旦养成，再指望他们写出自己的独到见解来，无异于痴人说梦。这样的写作方式，其源头还是读书少，不愿钻研原著。

读屏与读书互补

如今的世界，是互联网的世界，是数码的世界，也是信息的世界。如今手机、电脑俨然成了人们的"外挂器官"，读屏自然而然地成了我们生活的一部分，我们每天都在虚拟、现实的时空中穿行与转换，因此有人认为读书已不再那么时尚。面对数字阅读的汹涌浪潮，有人忧心忡忡，担心网络阅读成了习惯，会使人丧失阅读深奥复杂内容的能力，让心灵更加浅薄而浮躁，无助于提高全社会的道德和精神水平。

不可否认，读屏的确存在肤浅阅读、零碎阅读等问题，大家习惯通过刷屏搜索、提问来获得知识碎片，难以形成深度的、批判性的、理性的、系统化的知识结构，久而久之，对人们的思考能力、思维方式和判断力，都会造成不良影响。正因为如此，书籍阅读才更前所未有地需要专门发挥"仔细"和"深度"的功能。从这个意义上说，读屏和读书两者可以共存，翻书和刷屏两可相宜，无须用一个代替另一个。读屏可以在一定程度上把读书从获取一般信息和娱乐消遣里解放出来,让读书成为一件特别需要深入思考的事情,这与轻松读屏就大不一样了。

当然,如果就此否定数字阅读的积极作用,也失之偏颇。毕竟网络太神奇了,优越性显而易见:它传递的信息、知识确实丰富而多彩,快速而及时,交互而便捷,成本也低廉,还能充分利用零碎时间,让阅读变得随时随地,从而营造浓厚的阅读氛围,无疑是一种正向力量。

总之,不管是传统的读书方式,还是现代读屏的阅读方式,都要带着思考去读,最好养成做笔记的习惯,才不会陷入浮浅阅读。无论哪一种形式的阅读,关键还是要看读者能不能真正读进去。这个问题解决了,读屏自会由"轻浮"变得"厚重",读屏与读书就可以完全做到双轮驱动、比翼双飞!

古今名人读书法

我们中国人不但有讲究读书的传统,且有诸多独到的读书方法。有些读书方法,对今人来说仍有重要的启示。

一、顾炎武的集体轮读法

顾炎武是明末清初的杰出思想家,与王夫之、黄宗羲并称为明末清初的"三大儒",被世人誉为清学的"开山始祖"。《郎潜纪闻四笔》记载,顾炎武好学,有一个特别的读书方法。他并非一个人埋头读,而是常约请四五个朋友一起读,每人面前都放置经的注释本,顾本人坐在中间,几个人轮流大声诵读。当一个人诵读时,其他人静静地听。在听读的过程中,如某人对所读内容有疑义,就打断诵读提出问题,大家便就此讨论。讨论完再接着往下诵读,又有人提出疑义时,就再次停下来讨论。这样一篇篇地读下来,每人轮读 20 页,周而复始,一天能温习 100 页书。"十三经"及"三史"等典籍经集体研读后,大家受益良多。

顾炎武的集体轮读法有三大好处:一是默读变成朗读,既读书,又练习了朗诵技巧;二是把看书变成听书,有助于思考;三是变一人读为多人共读,活跃了读书氛围;四是边读边讨论问题,集思广益,有助于得出正确的结论。

二、老舍的特别读书法

老舍谈到他读书的特别方法,虽是一家之言,但有别致之处,值得一读:

怎样读书,在这里,是个自决的问题,我说我的,没勉强谁跟我学。

第一,我读书没系统。借着什么,买着什么,遇着什么,就读什么。不懂的放下,使我糊涂的放下,没趣味的放下,不客气。我不能叫书管着我。

第二,读得很快,而不记住。书要都叫我记住,还要书干吗?……读得快,因为我有时跳过几页去。不合我的意,我就练习跳远。书要是不服气的话,来跳我呀!看侦探小说时,我先看最后的几页,省事。

第三,读完一本书,没有批评,谁也不告诉。……我有我的爱与不爱,存在我自己心里。我爱念什么就念什么,有什么心得我自己知道，这是种享受，虽然显得自私一点。

第四，我不读自己的书，不愿谈论自己的书。……书是别人的好。别人的书自然未必都好，可是至少给我一点我不知道的东西。

老舍先生的读书方法，有他的独特之处，某些见解和读法很值得借鉴。

三、陈平原的"读书三策"

陈平原先生长期从事学校教育工作，对读书的方法最有切身体验。他在2016年3月29日《光明日报》上撰文说："我就说三句话，夸张点说，也叫'读书三策'。"

第一句话：少读书，才能读好书。

建议：认认真真地读几本好书，以此作为根基，作为标尺，作为学术储备，也作为精神支柱。不追求阅读的数量，是希望你我停下匆匆的脚步，好好欣赏路边的风景。

第二句话：鉴赏优先，批判其次。

读书阶段的主要任务，是汲取好书中的精华，用来滋养自己。至于高屋建瓴，火眼金睛，即使把古人批得体无完肤，那是做研究时才需要的。

第三句话：自家体会，文火煲汤。

同样是读书，有立马见效的"技能培训"，但那是低层次的；如果目光远大，追求胸襟与学养，则必须具备良好的心态，且愿意花时间。就像广东人煲汤，火太猛，急于求成，效果不会好，文火煲出来的汤才好喝。在某种意义上，读书也是这样，不能太急，不能太功利，不能有突飞猛进、日进斗金的时刻表。稳扎稳打地读，才会有钻研，也才会真正有自家的心得体会。

陈平原先生还在《读书是件好玩的事》一书中，特别说到一个读书的体会：

> 对于"非专业"人士来说，选择与自己本职工作相关或自家特别感兴趣的课题，然后上下求索，这样读书比较有效，也有趣。

文化先辈梁启超，就是一位讲究读书要有趣味的先生。他在1922年应邀到东南大学讲学时，有一课专讲《学问之趣味》，认为读书是比较容易"以趣味始，以趣味终"的。

四、顾颉刚"两镜"读书法

我国现当代著名的历史学家顾颉刚，学识渊博，出版了《中国疆域沿革史》《古史辨》《尚书校释译论》《汉代学术史略》等大批颇富影响力的论著。他重视读书，且有自己的体会，觉得读书"必先养成特殊的兴趣"，应精读、略读相结合，还要随处善疑，更要用好"两个镜子"。他解释说：

> 一个是"显微镜"，一个是"望远镜"。"显微镜"是对自己专门研究的一科用的，"望远镜"则是对其他各科使用的。

很显然，"两个镜子"是一种比喻，说明顾先生读书是专、博相结合的，自己的专业书要细读，只有细读才能发现问题，才有可能得出别人忽略的结论。他当年提出的"层累地造成的中国古史"这一学术观点，就得益于他对史书的细心钻研。细读使他发现：周代人心目中最古的人王是"禹"，孔子时代始有"尧舜"，战国时才有"黄帝神农"，秦时出来了"三皇"，汉以后才有所谓"盘古"开天辟地的传说。顾先生因此推论："古史是层累地造成的，发生的次序和排列的系统恰是一个反背。"他的这一学术成就令人耳目一新，对学界影响很大。可见，读专业书要用"显微镜"去钻研。读其他方面的书则用"望远镜"，意思就是视野要广远，克服自身的狭隘与偏见。

提高读书效率的十点建议

读书应讲究效率，没有效率就很难有成果。怎样提高阅读效率呢？某媒体归纳出十点建议，可资参照：

1. 读书要有重点；
2. 随身携带要读的书籍，可利用零碎时间阅读；
3. 一次只阅读一本书；
4. 长时间不间断地读书；
5. 读书时保持专注；
6. 兼顾阅读的深度与广度；
7. 善于做读书笔记；

8. 多思考,多分享,多学习借鉴;

9. 设置合理的读书目标;

10. 安排固定的读书时间。

第三节　不可不读的经典

中华文明上下五千年,诵读经典在于传承民族智慧,滋润读者的心田,美化读者的心灵。读前人典籍,无疑是"古为今用",对此要有选择性。经典作品是经过了长时间的考验而为人所公认的、确乎有益于世人的好东西。例如《论语》,能说不是经典吗?它历经了几千年的考验,以它为代表的儒家文化,对中华民族的发展,尤其对民族性格的塑造、民族精神的形成,产生了持久的影响。可以说,每个中国人的文化基因里都有《论语》。再如汉代司马迁的《史记》、宋代司马光的《资治通鉴》,能说不是经典吗?这两部经典都从历史的角度总结了前人的经验教训。《资治通鉴》写的是治国之道,可以说是政治家写的历史。而《史记》写的是人文历史,很是生动,可以说是文学家写的历史。不同的人,可根据不同的需求选择阅读。

经典不一定都是古老的。例如朱自清先生的《经典常谈》,这部研究经典的书也堪称经典。钱伯城在《导读》中说,该书可同时适应三个层次读者的需要:"第一是初学者,对初学者特别有用,因为所讲的都是最基本最精要的传统文化知识。第二对已有一定文史知识基础的读者,也有很大用处,因为它指引由此循序而进的学习途径与方法。第三对学已有成的读者,也有很多用处,因为这是作为一代学者朱自清对传统文化典籍研究的一个总结。"这样的经典,有的内容读起来虽存在一定的难度,但还是比较适合大众的。国家图书馆原馆长韩永进推荐的一本《〈老子〉新译》,作者是国学大家任继愈先生,他对《老子》的精髓作了精辟的译注,也堪称经典。语言学家、古文献学家杨伯峻的《〈论语〉译注》,初版于 1958 年,如今各种版本全年总销量达 45 万册。该书每章分原文、注释、译文三部分,以注释准确、译注平实著称,不但给专业研究者提供了研究线索,而且便于普通读者正确理解《论语》,因此在学界享有盛誉。古文字学家张政烺曾撰文称赞杨伯峻的《〈论语〉译注》和《〈孟子〉译注》为同类著作的典范。这些书,意在普及经典,但它们本身就是难得的经典。

经典需要传播和普及,也需要走出一个误区,就是以为经典阅读只是学生或做学问的人的事,只是时间充裕、闲暇无事者才能做到的事。其实,经典不一定是书斋里的人才能读,也不只属于象牙塔。有些经典虽具学术性,但它们所蕴含的内容可以扩展到其他学科,大家都是可以读一点的。至于那些人文社科类经典和可以普及的科学类经典,读者对象更应是大众而不是小众,一般读者完全能够读进去。

《史记》与《资治通鉴》

《史记》的作者是汉代的司马迁,是我国古代著名史学家和文学家。他以毕生精力完成了《史记》这部巨著,成为中国历史上一座巍峨的丰碑。司马迁所处的时代，是西汉武帝在位时期。他子继父业，做了太史令，经过 3 年准备便开始了《史记》的著述工作。天有不测风云，在第七个年头，一场巨大的灾难降临到他的头上。那一年，西汉名将李广的孙子李陵战败，投降了匈奴，司马迁在汉武帝面前直率地陈述了自己的看法，武帝认为他是为李陵辩护、开脱罪责，愤怒之下，将他打入了大牢。

司马迁在狱中受尽身心折磨，仍一心想出狱完成自己的著作。后来终于遇赦获释，汉武帝任命他为中书令，他得以继续写他的史书。他就这样整整写了近 20 年，直到花甲之年，一部 52 万余字的辉煌巨著《史记》终于完工。如果从 20 岁搜集资料算起，他编撰《史记》总共用了 40 年的光阴。

《史记》是中国第一部纪传体通史，记载了上自黄帝，下到汉武帝时期将近 3000 年的历史。全书 130 篇，文笔生动，论断精辟，其体例有自己的独创。司马迁以"究天人之际，通古今之变，成一家之言"为《史记》著述宗旨，以"通古今之变"的命题总结历史经验、探究治理成败，形成以王道观为核心的国家治理思想，具体包括：以实证名的名实思想、崇尚和谐的礼让思想、择能任贤的用人思想、以忠规过的讽谏思想、宽严并济的吏治思想、慎战重兵的军事思想。所以说《史记》不仅是一部史学名著，还是一部政治和文学名著。它的许多篇章脍炙人口，是古代传记文学的典范。例如《史记》里的《赵氏孤儿》，虽是借用《左传》的故事，但经过司马迁的演绎，展示了中国传统文化对复仇与正义的价值认知。《史记》类似的经典内容很多，尤有许多至理名言，震古烁今。现代文学巨匠鲁迅就曾评价《史记》是"史家之绝唱,无韵之《离骚》"。

《资治通鉴》是中国著名的编年体史书,记载了上起战国时期韩、赵、魏三家分晋,即周威烈王二十三年(前403年),下至五代北周政权的最后灭亡,即后周显德六年(959年),前后共1362年的历史,成书294卷300多万字。内容以政治、军事为主,常常运用追叙手法,按时间先后叙述史事,说明其前因后果,展示历代君臣治乱、安危、成败的轨迹,以供后人借鉴。这部书的观点虽是封建统治者的,但叙史有方,历代兴衰治乱本末皆具,我们批判地读它,可以熟悉历史事件,从正面或反面吸取经验教训。此书作者是宋代的司马光,也就是小学课本上"砸缸救人"故事的主人公。司马光从小勤奋好学,20岁就考中进士,从此步入官场。他先后在北宋朝廷担任天章阁待制(皇帝藏书阁顾问)、三司副使(掌管朝廷财政的高级副官)、翰林院大学士、御史中丞等职,最后升任尚书左仆射兼门下侍郎(首相),主持国家政务。他一生做过许多有益的事,写过许多著作,《资治通鉴》是其中最有名的一部书。

司马光学识渊博,做官不久即动手编写了一本名为《通志》的史书,前8卷呈送宋英宗审阅,得到皇上赏识。10年后,他又把续编的书稿呈送宋神宗审读,神宗读得非常仔细,深觉这部书对治理国家有借鉴的作用,要求司马光继续丰富其内容,还朱批曰:"鉴于往事,有资于治道。"因此,书名也就改成了《资治通鉴》。此书的特色在于虚实结合,有史实记载,又有议论。所以每隔几段,就有"臣光曰",这是司马光的评语,表达他对这段历史的看法。因为是写给皇上看的,所以他自称"臣"(这可能也是古史的一个传统。《史记》里也常有"太史公曰")。司马光毕竟距离我们已经上千年了,同样一件事站在当时的立场上去看,他的评论可能是对的,在今天看就未必准确,所以"臣光曰"这部分必须用历史唯物主义的观点去看待。

其实,《资治通鉴》后期总成,也并非司马光一人所为,而是他召集当时的史学家刘恕、刘攽、范祖禹等名流共同编写。他们共花了20年的时间,到元丰七年(1084年)才把《资治通鉴》完成。司马光从熙宁四年(1071年)开始,住进洛阳的一座园子,集全部精力编修史书,不分日夜地写作,家人和好友劝他"宜少节烦劳",他说:"吾成此书,死而无憾。"不料一语成谶。

《资治通鉴》史料翔实,文笔精当生动,归纳起来看,有两点特别重要,一是"守正",一是"出奇"。守正是以正治国,就是要讲德治。它记载了一些破除形式主义的方策。例如周太祖郭威提倡质朴简易的作风,重用厚重之士,他对大臣说:"文武官员要有益国利民之术,各具封事以闻,咸宜直书其事,勿事辞藻。"这明显是要在政务上反对形式主义,鼓励大臣上书陈事不必修饰整饬,精减政务,破除不必要的规章制度和繁文缛节。出奇是以奇用兵,就是讲权变,解决复杂问题要讲究技巧。

宋末元初史学家胡三省评价《资治通鉴》曰:"为人君而不知《通鉴》,则欲治而不知自治之源,恶乱而不知防乱之术;为人臣而不知《通鉴》,则上无以事君,下无以治民;为人子而不知《通鉴》,则谋身必至于辱先,做事不足以垂后。"清朝学者王鸣盛说:"此天地间必不可无之书,亦学者必不可不读之书。"梁启超则评价司马光的《资治通鉴》可与司马迁的《史记》媲美,是中国史学界的前后"两司马"。直至今天,这部书对我们研究中国历史、传承优秀文化,仍然具有十分重要的参考价值。

"十三经"之类

千百年来,影响最大的经典有常说的"十三经",即《周易》《尚书》《诗经》《周礼》《仪礼》《礼记》《春秋左氏传》《春秋公羊传》《春秋谷梁传》《论语》《孝经》《尔雅》《孟子》。尤其是"四书"——《大学》《中庸》《论语》《孟子》,论其内容,能体现中华民族传统核心价值观;论其规模,有 5 万多个汉字,分量比较适中;论其艺术性,它们是最经典的汉语文字,可以培养人们纯正、良好的语感,培养人们语言艺术的鉴别力和创造力。这些原著,算得上学习经典的上好教材。儒家思想的核心是纲常伦理。"四书"中的《大学》,这篇连标题不过 1753 字的文章,就是为人处世的蓝图、有道明君的治国大法,例如,它蕴含的三纲领:"明明德""亲民""止于至善";五步功夫:定、静、安、虑、得;八条目:格物、致知、诚意、正心、修身、齐家、治国、平天下。可以说是一篇内外兼修的人生成长指南,有助于提升人的素质和思想境界。

中国的传统典籍还有很多,天文、地学、政法、自然科学、医学、文学艺术等方面的典籍,真是数不胜数。应该说,许多经典都是精神的富矿,而且魅力无穷。一部《易经》,治国者从中看到的是安邦之策,军事家视它为兵书,医者把它看成医书,修行者视它为神仙书。

不过笼统而言,传统典籍的内容非常庞杂,良莠不齐,并非每部经典都适合所有人。因此,要选择适合自己需要的东西来读。许多人都喜欢陶渊明的"好读书,不求甚解",再结合鲁迅的《随便翻翻》,这样就使阅读有深有浅了。

《古文观止》

《古文观止》是一部古典文集,清代初年由浙江山阴(今浙江省绍兴市)人氏吴楚材、吴调侯叔侄俩共同选编。其中所选用的文章,上起周代,下到明末,共222篇,按时代和作家编排,共分12卷。绝大多数是散文,少数是骈文。其中有几千字的长篇,也有百把字的小品。论说抒情、咏物写景,各种题材兼备。选编者认为它的内容是再好不过了,故将书名定为《古文观止》。

顾名思义,《古文观止》中的文章都是古文精华,尽善尽美,可谓好到了尽头。吴楚材叔侄用此书名无疑是由自夸和自信。确实,《古文观止》不囿于一家一派,广泛选取了许多名篇佳作,思想和艺术的水准都比较高,全面反映了我国散文的悠久历史和丰富多彩的风貌。这部文集在清康熙年间刊行后,一直受到广泛的欢迎,流传很广,影响很大。笔者在抗战期间读私塾,因购书困难,就用借来的《古文观止》作课本,尽管食而不化地背诵,仍是终生享用,受益匪浅。

但是,《古文观止》也存在某些方面的欠缺与不足,譬如选了一些不好的文章,这无疑是作者的历史局限性造成的。例如,宣扬封建伦理道德、天命天道的，为帝王歌功颂德的，向皇朝摇尾乞怜的文章，有韩愈《后十九日复上宰相书》、苏轼《三槐堂铭》、王守仁《尊经阁记》等。而学界有一些思想性、艺术性较好的文章，却没有尽可能地选入，如韩愈《张中丞传后叙》等。另外，除儒家学派外，此书缺少春秋战国时期诸子百家之作，而那时是我国学术文化发展最为活跃、最为繁荣的时期。

《共产党宣言》与《人类简史》

　　这是由外国人撰写的两部经典，都关系着人类的命运。《共产党宣言》是关于人类社会政治变革的文献，它由德国的卡尔·马克思执笔写成，是他与弗里德里希·恩格斯为共产主义者同盟起草的纲领，是国际共产主义运动的第一个纲领性文件，1848年2月21日在伦敦第一次以单行本问世。它在历史上产生了巨大影响力，鼓励无产者联合起来发动革命，最终建立一个没有阶级的社会。《人类简史》讲述了关于人类进化和文明发展的"革命"历程，作者是以色列历史学家尤瓦尔·赫拉利，2012年以希伯来文出版，先后被译成近30种文字，畅销全球，为世界所瞩目。

　　《共产党宣言》是关乎人类谋求理想的著作。此书第一次全面系统地阐述了科学社会主义理论，标志着社会主义从空想到科学的历史性转变。该书曾被译为《共产主义宣言》，指出共产主义运动将成为不可抗拒的历史潮流。《共产党宣言》的开篇这样写道：

一个幽灵,共产主义的幽灵,在欧洲徘徊。旧欧洲的一切势力,教皇和沙皇、梅特涅和基佐、法国的激进党人和德国的警察,都为驱除这个幽灵而结成了神圣同盟。

　　有哪一个反对党不被它的当政的敌人骂为共产党呢?又有哪一个反对党不拿共产主义这个罪名去回敬更进步的反对党人和自己的反动敌人呢?

　　从这个事实中可以得出两个结论:

　　共产主义已经被欧洲的一切势力公认为一种势力;现在是共产党人向全世界公开说明自己的观点、自己的目的、自己的意图,并且拿党自己的宣言来对抗关于共产主义幽灵的神话的时候了。

　　为了这个目的,各国共产党人集会于伦敦,拟定了如下的宣言,用英文、法文、德文、意大利文、佛来米文和丹麦文公布于世。

　　《共产党宣言》的发表,标志着马克思主义诞生。170余年过去,世界已发生翻天覆地的变化,但世界依然被《共产党宣言》的墨香所浸染,马克思主义依然散发着夺目的光芒,穿越历史,照亮今天,指引未来。

　　《人类简史》这部书的作者运用自己丰富的多学科知识,旁征博引,展示了现代人的进化过程,发人深省。该书中讲述:人类的发展史上原本存在着几大类原始人群,即东非直立智人、欧洲尼安德特人、亚洲鲁道夫人、印尼索罗人等,在进化过程中,直立智人用了 10 万年淘汰了其他几类人种，最终成了全球的主宰。智人的胜利在于提前实现了认知革命，迅速完成从一个普通物种到智慧物种的飞跃。

所谓"认知革命"，最核心的特征就是语言沟通，用语言交流来完成分工合作，从而赢得生存的条件。人类的进化，还得益于距今 1.2 万年前的农业革命，其中最关键的是种植（对植物）和畜牧（对动物）两大变革。书中可读到最具颠覆性的观点就是，人类原以为驯化动植物可以获得稳定的食物来源，像种稻麦、养牛羊等，而现实却是处于演化的弱势群体稻麦、牛羊反过来驯化了人类，使之得以生存，并逐步灭绝了其他物种。人类引以为豪的农业革命，与其说是一种进步，不如说是一种自然陷阱。

人类进入农业社会有何进步意义呢？《人类简史》的解释是建立了有序的组织，即帝国的出现。随着帝国的扩张，人类进入"文化多元、文明单一"的时代。这个时代形成了三种全球性的秩序，即政治上的帝国秩序、经济上的货币秩序、心灵上的宗教秩序，从而推动人类完成时间和空间上的融合统一。

人类历史上还有三次工业革命，第三次工业革命是人类文明在科技领域里的一次重大飞跃，不仅极大地推动了人类社会经济、政治、文化的变革，还影响了人类的生活方式和思维方式。总之，人类社会的进步、科技的创新、物质的充裕，使得人类摆脱了原始自然恐惧，不再为温饱问题而担心。

《人类简史》是一部适合大众阅读的优秀历史书，图文并茂，涵盖古人类学、考古学、生物学、天文学、经济学、政治学等诸多学科,内容丰富多彩,包罗上百项具有代表性和里程碑意义的历史事件。该书可以让人们在阅读中领悟历史的真意,厘清影响人类发展的重大脉络,挖掘人类文化、宗教、法律、国家、信贷等的根源;可以让人类见微知著,重新审视自己,知道自己从哪里来,将向何处去。当今,中国向世界发出关于构建"人类命运共同体"的倡导,共同谋求和平幸福。在这个前提下,我们阅读《人类简史》,自然更有其意义了,由此会加深我们对人类生存和发展的认识。也许有人说此书难以读懂,但你坚持读下去就会对它产生兴趣。它与姊妹篇《未来简史》,以及《时间简史》(英国著名物理学家霍金著)、《空间简史》(意大利天文物理学家托马斯·马卡卡罗和历史学家克劳迪奥·M.达达里合著)等一起,让你对世界、人类、历史进程的认知有意外的收获。

四大名著

今天的读者无不知道中国古代四大文学名著,但是未必能够真正读懂。

一、《三国演义》

《三国演义》是长篇历史章回小说,其故事背景是三国史实。此小说是一曲英雄的颂歌、一部悲壮的史诗,写了上百个鲜活人物,故事充满传奇色彩,气势磅礴,风格苍凉而壮丽。《三国演义》的读者很普遍,在民间很受追捧。毛泽东是其中一位积极的研读者,他研究书中政治、军事斗争的谋略故事,并科学地参考与运用。他很欣赏书中诸多布置兵力的方法。诸如"袁曹官渡之战"

"吴魏赤壁之战",毛泽东 1937 年写的《论持久战》,就论及这两场战争。他从《三国演义》的战例中获得启发,开拓思路,并结合战争的实际情况去灵活判断,继而做出合情合理的决策。在英雄辈出的三国人物当中,诸葛亮是毛泽东非常推崇的一位,他佩服诸葛亮善于宣传的能力;毛泽东也非常欣赏曹操文韬武略、胸怀宏志的气概,对他"抑制豪强、发展生产、实行屯田制、提倡节俭"和"不杀降"的政策十分赞同。

二、《西游记》

《西游记》是中国神话小说最杰出的代表。它不是某一个人憋出来的作品,而是经过几百年许多作者的创造与积累,最终由吴承恩这位高手统稿而成的。全书 100 回,主要写孙悟空、猪八戒与沙和尚一起,护送唐僧去西天取经,历经九九八十一难的故事,是由历史上真人真事发展演化而成。书中塑造了孙悟空这一光彩照人的神话英雄形象,其智慧折射出中华民族的精神力量。

三、《水浒传》

《水浒传》取材于北宋末年北方一场底层民众起义,全书贯穿一个"义"字。梁山 108 位好汉是"官逼民反""替天行道"的"忠义英烈"。施耐庵整理了民间故事,全书诸多情节无论是兄弟情义、社会道义,还是国家忠义、民族大义,令人感叹!它反映的是"哪里有压迫哪里就有反抗"的理念,所以在历史上屡遭封建统治者的禁毁,但革命者奉其为"造反有理的书"。毛泽东更是从阶级斗争的观点看待《水浒传》,肯定了这部小说的现实意义。

四、《红楼梦》

《红楼梦》是清人曹雪芹用了几十年时光写成的,学界公认书中甄、贾两宝玉,即作者自己的化身,甄、贾两府有当年曹家的影子。小说塑造了贾宝玉、林黛玉、薛宝钗、王熙凤等众多拥有独特而鲜明个性的人物,语言更是代表了我国古典小说语言艺术的高峰,无论在思想内容上,还是艺术技巧上都具有自己崭新的面貌,有着永恒的魅力,足以傲立于世界文学之林。

《红楼梦》的内容包罗万象,堪称"百科全书"。书中诗词、歌赋、琴棋、书画、戏曲、美食、服饰、医药、建筑、园林等等,不一而足。面对这样一部意蕴十足的旷世奇书,可借贾宝玉一句话,"弱水三千,我只取一瓢饮"。

1956 年,毛泽东在《论十大关系》中,谈到中国和外国的差距时,不经意间说了这么一句话:"除了地大物博,人口众多,历史悠久,以及在文学上有部《红楼梦》之外,很多地方不如人家,骄傲不起来。"足见《红楼梦》的地位。

当代作家毕飞宇对于《红楼梦》吸引读者的魅力,曾形象地说它像装上了 GPS(全球定位系统)似的,你躲都躲不掉,迟早会盯上你。

当代中国,四大名著在文化语境中的经典意义早已超越了文学的范畴,而融合了政治、思想、学术等多元要素,且有影响全社会的文化意义。这种经典地位确立的深刻原因在于,它们在建设现代中国文化的历程中具有无可替代的功能。

影响世界历史的 10 部书

你知道吗？世界上还有 10 部书,涉及政治、科学、经济、军事、医学等多方面,对世界变革和发展进程产生了巨大影响,很值得一读。这 10 部书依其面世时间的先后顺序为:

一、《君王论》(1532 年首次出版)

作者是意大利的尼可罗·马基亚维利。该书分 26 章,研究如何获得权力和保持权力,并以历史上的君王为例进行阐述。

二、《天体运行论》(1543 年首次出版)

作者是波兰天文学家尼古拉·哥白尼,该书建立了当代天文学的理论基础。

三、《心血运动论》(1628 年首次出版)

作者是英国医学家威廉·哈维。此书论述并解释了哈维1616 年的重大发现:血液是循环的。这是生理学和解剖学研究的重大进展,对世界医学、人类健康产生了巨大作用。

四、《自然哲学的数学原理》(1687 年首次出版)

作者是英国物理学家艾萨克·牛顿。书中提出牛顿运动定律和万有引力定律,从而开始了一个新的科学发现和科学实践的时代。

五、《常识》(1776 年首次出版)

作者是托马斯·潘恩,是从英国迁到美国的移民。此书号召被压迫被奴役的人民争取独立和自由。

六、《国富论》(1776 年首次出版)

作者是英国政治经济学家亚当·斯密。该书认为,国家财富就是工农业所创造的大量商品,要增加商品数量,就必须实行劳动分工,允许自由竞争。

七、《黑奴吁天录》(1852 年首次出版)

作者是美国女作家哈丽叶特·比切·斯托夫人。这是一部揭露奴隶制度的小说。此书的副标题是《下层人的生活》。

八、《物种起源》(1859 年首次出版)

作者是英国博物学家查尔斯·罗伯特·达尔文。该书所阐明的进化论,虽然现在人们都可接受,但在当时的确是革命性的理论。

九、《资本论》(1867 年首次出版第一卷,1894 年出齐)

作者是出生于德国的卡尔·马克思。该书是研究资本主义社会的著作,采用了辩证唯物主义的分析方法。

十、《海军战略论》(1890 年首次出版)

作者是美国海军军官和历史学家阿尔弗雷德·塞耶·马汉。该书论证了强大海军对保卫一个国家主权的重要性。

大家也许注意到,上面推荐的经典作品和阅读方法,多是围绕着我国流传千古的典籍而谈论的,因为它们最富有文化含量。其实,还有不少世界名著也值得列入我们的阅读书单中。例如大仲马的《基督山伯爵》、小仲马的《茶花女》、歌德的《少年维特之烦恼》、雨果的《悲惨世界》、伏尼契的《牛虻》、夏洛蒂·勃朗特的《简·爱》、司汤达的《红与黑》、列夫·托尔斯泰的《战争与和平》,等等,这些书故事生动、思想深厚、可读性强,引领着读者进入世界文化艺术的宏伟殿堂。

第四节　读经品胾

　　关于读书的意义，古人有言曰："书中自有黄金屋，书中自有颜如玉。"无疑是从两方面说了读书大有好处。近代亦有一种说法，北京辅仁大学的学者陈垣先生编大一国文读本，将其中《论语》《孟子》的部分命题名为《论孟一胾》。"胾"者，是切割好的肉片。他把此种文言文喻为鲜肉，是一种美味佳肴，让青年学子通过阅读予以享用，增进营养。此举体现了老一辈学者关怀学子的良苦用心。

　　从西汉贾谊的《过秦论》、三国诸葛亮的《出师表》、魏晋李密的《陈情表》、北宋周敦颐的《爱莲说》、北宋欧阳修的《醉翁亭记》、明末夏完淳的《狱中上母书》、清末民初林觉民的《与妻书》等美文，都是国人的精神财富。在这里，由于篇幅限制，只从多种典籍中选出短篇二三，供读者研读习练，由此举一反三，期望读者从中品到富有营养的"肉"味。

品读《触龙说赵太后》

　　《触龙说赵太后》选自《战国策》，讲述了左师公触龙以叙家常的方式，迂回委婉地平息了赵太后的怒气，说服赵太后，让她的爱子为赵国出质齐国，争取救援的故事。原文如下：

赵太后新用事,秦急攻之。赵氏求救于齐。齐曰:"必以长安君为质,兵乃出。"太后不肯,大臣强谏。太后明谓左右:"有复言令长安君为质者,老妇必唾其面。"

左师触龙言:愿见太后。太后盛气而揖之。入而徐趋,至而自谢,曰:"老臣病足,曾不能疾走,不得见久矣。窃自恕,恐太后玉体之有所郄也,故愿望见太后。"太后曰:"老妇恃辇而行。"曰:"日食饮得无衰乎?"曰:"恃粥耳!"曰:"老臣今者殊不欲食,乃自强步,日三四里,少益耆食,和于身。"太后曰:"老妇不能。"太后之色少解。

左师公曰:"老臣贱息舒祺,最少,不肖。而臣衰,窃爱怜之。愿令得补黑衣之数,以卫王宫,没死以闻。"太后曰:"敬诺。年几何矣?"对曰:"十五岁矣。虽少,愿及未填沟壑而托之。"太后曰:"丈夫亦爱怜其少子乎?"对曰:"甚于妇人!"太后曰:"妇人异甚!"对曰:"老臣窃以为媪之爱燕后贤于长安君。"曰:"君过矣! 不若长安君之甚。"

左师公曰:"父母之爱子,则为之计深远。媪之送燕后也,持其踵,为之泣,念悲其远也,亦哀之矣。已行,非弗思也,祭祀必祝之,祝曰:'必勿使反。'岂非计久长,有子孙相继为王也哉?"太后曰:"然。"

左师公曰:"今三世以前,至于赵之为赵,赵王之子孙侯者,其继有在者乎?"曰:"无有。"曰:"微独赵,诸侯有在者乎?"曰:"老妇不闻也。""此其近者祸及身,远者及其子孙。岂人主之子孙则必不善哉! 位尊而无功,奉厚而无劳,而挟重器多也。今媪尊长安君之位,而封之以膏腴之地,多予之重器,而不及今令有功于国。一旦山陵崩,长安君何以自托于赵?老臣以媪为长安君计短也,故以为其爱不若燕后。"太后曰:"诺。恣君之所使之。"

于是为长安君约车百乘,质于齐,齐兵乃出。

子义闻之,曰:"人主之子也,骨肉之亲也,犹不能恃无功之尊、无劳之俸,已守金玉之重也,而况人臣乎!"

此文说战国时期,赵国太后刚开始执政,秦国乘机进攻赵国。赵国向齐国求救。齐国说,一定要赵太后最小的爱子长安君去做人质,才可出兵。赵太后舍不得,群臣怎么劝说都无用。左师触龙前去,先从自己的爱子说起,希望把他十五岁的小儿子舒祺补个黑衣卫士的名额,保卫王宫;又说到太后把女儿远嫁到燕国为王后,都是为子女的长远利益着想;最后才说到太后如若深爱长安君,就不应只封给他肥沃的领地,给予他值钱的金玉宝物,而不让他为国立功,否则太后有朝一日去世,长安君靠什么在赵国立足?左师最后语重心长地说:"我认为您替长安君打算得太不够了。您老人家爱他不如爱燕后。"赵太后明白了这番道理后,便同意长安君去做人质。就这样,齐国出了兵,赵国便转危为安。

毛泽东一生酷爱读书,给党的中高级干部阅读推荐的书目中,就包括《触龙说赵太后》这篇文章。1967 年,毛泽东荐此文章时,把道理上升到阶级分析和斗争的层面,他说:

这篇文章反映了封建制代替奴隶制的初期,地主阶级内部,财产和权力的再分配。这种分配是不断地进行的,所谓"君子之泽,五世而斩",就是这个意思。我们不是代表剥削阶级,而是代表无产阶级和劳动人民,但如果我们不注意严格要求我们的子女,他们也会变质,可能搞资本主义复辟,无产阶级的财产和权力就会被资产阶级夺回去。

2000 多年前的有识之士就能认识到这样一个重要问题:对自己的子女,不能让他们"位尊而无功,奉厚而无劳",而要为国家多做贡献。《触龙说赵太后》的历史经验,以及毛泽东的推荐提示,具有深远的教育意义。

品读《狗猛酒酸》

《狗猛酒酸》是《韩非子·外储说左上》中的名篇。文曰:

> 宋人有酤酒者,升概甚平,遇客甚谨,为酒甚美,悬帜甚高,然贮而不售,酒酸。怪其故,问其所知闾长者杨倩。倩曰:"汝狗猛耶?"曰:"狗猛,则酒何故而不售?"曰:"人畏焉。或令孺子怀钱挈壶瓮而往酤,而狗迓而龁之,此酒所以酸而不售也。"
>
> 夫国亦有狗,有道之士怀其术而欲以明万乘之主,大臣为猛狗,迓而龁之。此人主之所以为蔽,而有道之士所以不用也。

这个故事说的是什么呢？宋国有一个卖酒的人,他量酒的衡器很公平,接待顾客热情周到,酿造的酒十分醇美,悬挂的酒旗高而醒目。尽管如此,酒却卖不出去而变酸了,他对其中的缘故感到很奇怪,便问熟悉他的邻里长者杨倩。杨倩问:"你家的狗凶猛吗?"卖酒的人说:"狗凶猛何以酒卖不动呢?"杨倩说:"人害怕。有的人叫小孩装着钱拿着酒壶去买酒,而狗迎上去并咬他,这就是酒卖不出去的原因。"而国家也一样,有德有才的能人心里装着治国方略来禀明君主,而大臣中的"猛狗"迎上去咬他们。这就是君主被蒙蔽和挟制,有学识的人才不能被重用的原因。

显然,文章通过"狗猛酒酸"的故事和道理,对国之"猛狗"——挡道嫉贤的某些奸臣进行了深刻的揭露,其政治意义至今并不过时,仍对我们的领导者、管理者大有借鉴和警醒作用。

品读《曹刿论战》

《曹刿论战》是《左传·鲁庄公十年》里的名篇,作者是鲁国人,故站在鲁国的角度叙事。本篇记载的是齐、鲁两国在长勺这个地方的一场战争,故事在曹刿与鲁庄公之间展开:

> 十年春,齐师伐我。公将战,曹刿请见。其乡人曰:"肉食者谋之,又何间焉?"刿曰:"肉食者鄙,未能远谋。"乃入见。问:"何以战?"公曰:"衣食所安,弗敢专也,必以分人。"对曰:"小惠未遍,民弗从也。"公曰:"牺牲玉帛,弗敢加也,必以

220

信。"对曰："小信未孚，神弗福也。"公曰："小大之狱，虽不能察，必以情。"对曰："忠之属也，可以一战。战则请从。"

公与之乘，战于长勺。公将鼓之。刿曰："未可。"齐人三鼓。刿曰："可矣。"齐师败绩。公将驰之。刿曰："未可。"下视其辙，登轼而望之，曰："可矣。"遂逐齐师。

既克，公问其故。对曰："夫战，勇气也。一鼓作气，再而衰，三而竭。彼竭我盈，故克之。夫大国，难测也，惧有伏焉。吾视其辙乱，望其旗靡，故逐之。"

曹刿，鲁国人，在鲁庄公十年(前684年)齐军进犯鲁国时，考虑到掌权执政者没有远谋，便请求拜见鲁庄公，经过一番讨论后，说"可以一战"。战事一开始，鲁庄公就要击鼓进军，曹刿说"不可以"，待齐军三鼓后，刿说"可以了"。齐军大败，鲁庄公要立刻追击，刿阻止说"不可以"。待他下车看到齐军战车辙乱，登车又望到齐军旌旗倒覆，便说"可以追击了"。鲁庄公问这是什么缘故，结论是"彼竭我盈，故克之"。

这次战争，鲁国以弱胜强。毛泽东曾在他的著作中举过这一战例，说是曹刿"采取了'敌疲我打'的方针，打胜了齐军，是中国战史中以弱军战胜强军的有名战例"。这篇短文，结构严谨，叙事有条不紊，语言凝练，是一篇很有意义的好文章。

品读《陋室铭》

《陋室铭》是一篇辞赋性质的铭文，作者是唐代著名诗人刘禹

221

锡。该文言志抒情,亦骈亦散,声韵铿锵,脍炙人口。它的格式很特别,仿其调而创制新铭者较多,后来渐成一种特别文体。由于文章短小而精美,所以广为流传,百世流芳。请欣赏其原文:

　　　　山不在高,有仙则名。

　　　　水不在深,有龙则灵。

　　　　斯是陋室,惟吾德馨。

　　　　苔痕上阶绿,草色入帘青。

　　　　谈笑有鸿儒,往来无白丁。

　　　　可以调素琴,阅金经。

　　　　无丝竹之乱耳,无案牍之劳形。

　　　　南阳诸葛庐,西蜀子云亭。

　　　　孔子云:何陋之有?

　　这篇《陋室铭》堪称千古美文!如果硬要翻译成白话,大致是这样的:山不在乎高,只要有仙人就会出名;水不在乎深,只要有蛟龙就显得有灵气。这虽是一间简陋的屋子,但由于住在这里的人有美德,它声名远扬。苔藓爬上台阶,使台阶也碧绿了;草色映入竹帘,室内被染成了青色。在这里谈笑的都是博学的知识分子,来往的没有一个是缺乏文化的人。平时可以弹奏朴素无华的古琴,阅读泥金书写的佛经。既没有嘈杂的音乐扰乱听觉,也没有成沓的公文劳碌身心。这就是南阳诸葛亮的茅庐,又是西蜀扬子云的草堂。孔子说:"有什么简陋的呢?"

此铭文最后引经据典，来了一句："孔子云：'何陋之有？'"这是一个典故。《论语·子罕》记载："子曰：'君子居之，何陋之有？'"这里引用此句，有两层意思，一是说"有何陋"，二是含有"君子居之"的意思。看，刘禹锡真逗，他的小屋原本是很简陋的，周边还杂草丛生哩！却被他说得十分高雅，很有灵气！全文寥寥81字，字字珠玑。

　　刘禹锡是唐德宗贞元九年（793年）进士，毕生从政，官至太子宾客，加检校礼部尚书，也算是朝廷高官，为何写出《陋室铭》这样反映"蜗居"的文章呢？据传，刘禹锡曾有一段"蜗居"的生活遭遇。唐朝中后期，刘禹锡参与了王叔文领导的政治革新运动，得罪了当朝权贵。改革失败后，他多次受贬，最后被贬到和州（今安徽省和县）当通判。当时他在和州的三间住房虽小，却临大江，推窗可见浩瀚的江面。刘禹锡一时高兴，给小屋写了一副对联：

　　　身在和州思争辩，面对大江观白帆。

　　后来，和州知府给刘禹锡小鞋穿，令刘禹锡搬家。这次的家是简陋到仅容一床一桌一椅的破旧小平房，是地道的陋室。刘禹锡很是豁达，看小屋旁虽仅有一棵枯树，但远处依然争荣竞秀，因此又作一联：

　　　沉舟侧畔千帆过，病树前头万木春。

刘禹锡多次被小人折腾作弄，不禁万分愤懑，一日提笔凝思，一气呵成写了这篇《陋室铭》。字里行间，表达了他内心的高尚情操。

品读《小石潭记》

《小石潭记》选自唐朝文学家、哲学家柳宗元的著作《柳河东集》。柳宗元，祖籍河东解县（今山西省运城市西南），官至监察御史，参与王叔文等人的革新运动，失败后被贬至永州司马。元和十年（815年）迁任柳州刺史。在被降职贬谪期间，他写作了大量的诗文，抒发个人情感和进步的政治、哲学见解。他后被世人列为"唐宋八大家"之一。柳宗元的山水游记，不单构思精巧、意境高远，而且吸收了曹植、吴均、郦道元等散文大家的艺术精华，把诗的手法带进了散文的创作领域，使散文具有诗的意境、诗的情韵、诗的语言，成为诗化的散文。在这方面，永州八记中的《小石潭记》表现得尤为突出：

从小丘西行百二十步，隔篁竹，闻水声，如鸣珮环，心乐之。伐竹取道，下见小潭，水尤清冽。全石以为底，近岸，卷石底以出，为坻，为屿，为嵁，为岩。青树翠蔓，蒙络摇缀，参差披拂。

潭中鱼可百许头，皆若空游无所依。日光下澈，影布石上，佁然不动；俶尔远逝，往来翕忽，似与游者相乐。

潭西南而望，斗折蛇行，明灭可见。其岸势犬牙差互，不可知其源。

　　坐潭上，四面竹树环合，寂寥无人，凄神寒骨，悄怆幽邃。以其境过清，不可久居，乃记之而去。

　　同游者：吴武陵，龚古，余弟宗玄。隶而从者，崔氏二小生，曰恕己，曰奉壹。

　　柳宗元在柳州任职时写的这篇游记《小石潭记》，生动地描述了小石潭和潭上的景物。陪同柳宗元游小石潭的，有吴武陵等5人。他们从小山丘朝西行走120步，隔着竹林听到水声，就像玉环的清脆音响，令人打心里快乐。砍竹寻得小路，往下就看到小潭，潭水特别清澈。水底是整块的大石头，岸边有石头露出水面，高高低低，形状各异，如坻，如屿，如嵁，如岩。绿树和藤蔓互相点缀，参差不齐，随风飘荡。潭水中有鱼百尾，游得自由自在。阳光透过水体将鱼的影子印在水底石头上，呆呆的不动。忽然又向远处游去，往来之快速，好像与游人逗乐！潭的西南方向，像北斗星一样曲折，像蛇行一样弯曲，时隐时现，隐约可辨。潭岸形势犬牙交错，不知道它的源头在哪里。坐在潭边上，四面竹林树木环抱，空寂无人，不禁感到凄凉，寒气刺骨，冷清幽深。境况过于冷清凄凉，不可久留，记此而返。

　　这篇游记的文字真是精练，刻画入微，描述了一种极其幽静优美的独特境地，使读者如身临其境。

品读《岳阳楼记》

　　《岳阳楼记》在历史上是一篇非常有名的散文，它是北宋大

臣、思想家、文学家范仲淹的经典之作,写的是观楼抒怀,广受世人称赞,流传千古。摘要如下:

庆历四年春,滕子京谪守巴陵郡。越明年,政通人和,百废具兴,乃重修岳阳楼……

予观夫巴陵胜状,在洞庭一湖。衔远山,吞长江,浩浩汤汤,横无际涯,朝晖夕阴,气象万千。此则岳阳楼之大观也。前人之述备矣。然则北通巫峡,南极潇湘,迁客骚人,多会于此。览物之情得无异乎?

……登斯楼也,则有心旷神怡,宠辱偕忘,把酒临风,其喜洋洋者矣。

嗟夫!予尝求古仁人之心,或异二者之为,何哉?不以物喜,不以己悲,居庙堂之高则忧其民,处江湖之远则忧其君,是进亦忧,退亦忧,然则何时而乐耶? 其必曰"先天下之忧而忧,后天下之乐而乐"乎。噫!微斯人,吾谁与归?

范仲淹是北宋时期家喻户晓的著名人物,今江苏省苏州市人,大中祥符进士,仁宗天圣初年(1023年)任西溪盐官。范仲淹是位军事家,在北宋与西夏的多年交战中,屡建战功。他又是一位政治家,当时内政腐败,边境战乱,财政入不敷出,贪官横行,人民怨声载道。庆历三年(1043年),他在危难之时受命担任副宰相,一上任就抓住症结,提出10项改革措施,从官员选拔、减轻劳役、加强军备、严格法令到科举制度等多方面,大力改革,这就是历史上有名的"庆历新政"。由于改革触犯了保守派的利益,污吏们攻击新政,诬陷范仲淹结朋党,硬是把他排挤出了朝廷,贬至河南邓州任太守。尽管受到如此巨大的打击,他不为自己的得失纠结,仍将国民利益放在第一位,继续奋斗。

范仲淹还是一位文学家,在创作上反对浮泛的文风,主张革新,提出"文以明道"的观点。他写的诗词异常豪放,以反映边地风光和征战劳苦见长,如《江上渔者》《渔家傲》,境界壮阔,可以说是范仲淹文学主张的最好实践。他最受称道的是散文《岳阳楼记》。当时,他的好友、同年进士滕宗谅在湖南岳阳重修了岳阳楼,邀请他写篇文章做纪念。他凭借一幅图写了这篇《岳阳楼记》,在描写洞庭湖胜景的同时,表达了自己的人生理想和处世理念。文章最后两句——"先天之忧而忧,后天下之乐而乐",表现了一个古代进步知识分子的远大抱负和崇高思想,成为不朽的铭文,它激励了多少仁人志士为国为民,奉献终生。

第五节　铭记典籍中的名言警句

我国古今典籍记载了大量的名言警句,言简意深,深含哲理,大有警示的作用。警句在作品中往往最引人注目,是最能触动人心的地方。例如鲁迅在《故乡》中,先叙写了"我"回故乡的见闻,随后意味深长地说:"我想,希望是本无所谓有,无所谓无的。这正如地上的路:其实地上本没有路,走的人多了,也便成了路。"这段极富哲理的议论,突出了"路是人走出来的"这一警句,从而鞭策人们在人生道路上不畏艰险，大胆开创，勇往直前，走自己想走而又应走的路。还有现代学者木心说："岁月不饶人，我亦未曾饶过岁月。"言外之意是说没有虚度年华，其深层之意耐人寻味。这样的警句确乎好得不得了。

警句，往往都不是长篇大论，而是言简意赅，可谓字字珠玑，熠熠生辉，掷地有声，有滋养育人的意义。官员参照它，可正身勤政，为民办好事。学者熟诵深思，不仅有益于立身行事，而且有益于学问精进。我们阅读古诗古文，所背诵下来的大都是那些警句、哲言，它们可以提升我们的学养，升华我们的理念，丰富我们的语言，积累知识理论，掌握写作技巧，提高语言文字表达能力。

不过，如今有人写文章，为了哗众取宠，吸引读者眼球，故意堆砌辞藻，画蛇添足，企图写出金言警句，往往适得其反。我心中的好文章，是用平常语言说出不平常的道理，比方像《论语》那样的作品，很像孔子和学生们在聊天拉家常，很多语句都成了警句名言，值得研读、铭记并践行。

关于"好学励志"

读书学习与励志图进是两回事，又是密切相关的。古人云：人不学，不知义。

励志就是要建树志气。有一位伟人这样说："人是要有点精神的。"所以说，好学与励志是人生的两件大事，其中有一个关键是"修身养性"，律己而求上进，志向才能最终得以实现。

一、孔子论"励志"

《论语·子罕篇》记录了孔子的一句名言：

　　　　三军可夺帅,匹夫不可夺志也。

　　春秋时代,军队分为中军、上军、下军,谓之"三军",通常概指军队。"匹夫"指一个普通男子,这里指小人物。前一个"夺"字是强取或掳劫之意,后一个"夺"字指改变。"志"指志向、意志或抱负,即刻意追求的目标。这句话的意思是说,军队的统帅可以被俘虏,一个人的志气却是不能随便改变的。

　　矢志不渝是中国人的传统美德。孔子认为"匹夫不可夺志",孟子认为"志为气之帅",王勃主张"穷且益坚,不坠青云之志",苏轼指出"古之立大事者,不惟有超世之才,亦必有坚忍不拔之志"。我们生活在现代,更要确立实现中国梦的志向,为建设中国特色社会主义添砖加瓦。

二、老子论"道"

　　《老子》(也称《道德经》)一书的作者是老聃。《老子》中的"道"用来说明宇宙万物的演变,"道"的含义是指客观的自然规律。老子在《道德经》中说:

　　　　合抱之木,生于毫末;九层之台,起于累土;千里之行,始于足下。

这番话,体现了事物从量变到质变的哲学观点。意思是说,合抱的大树,是从细小的萌芽生长起来的;九层(古人喻指很多层)的高台,是由一堆堆泥土筑起来的;千里的远行,是从脚下开始走出来的。这些例证,都形象地说明了巨大的东西无不由细微的小东西发展而成。老子的这种观点,与荀子《劝学篇》里"积土成山""积水成渊""不积跬步,无以至千里;不积小流,无以成江海"的论述,道理是完全相同的,即大事要从小事做起。

三、师旷论"老而好学"

刘向,西汉经学家、目录学家、文学家,他在《说苑·建本》中记载了一则故事。晋平公问身边大臣师旷:"我70岁了,想学习,只怕迟暮了。"师旷说:"既然暮了,您怎么不点蜡烛呢?"晋平公心想:天色暮了点蜡烛,年暮了点什么蜡烛呢? 便不悦地责备师旷道:"你做人臣的怎么能戏弄君主呢?"师旷立马跪拜说:"我怎敢戏弄您呢?"于是郑重其事地阐述:

少而好学,如日出之阳;壮而好学,如日中之光;老而好学,如炳烛之明。

晋平公听了觉得很在理。师旷的这番论学名言对后世影响很大,它阐明学习在人生任何时候都是可行的。青少年像初升的太阳,朝气蓬勃,抓紧时光学习,前途无量。中年是人生中的盛年,如日中天,处于年富力强的极盛状态,但渐会衰弱,正宜抓紧时间学习,不可错过。年老了,体衰力弱,记忆力减退,但还是可以学习的，总比不学为好，就像一支点燃的蜡烛，有光亮总比黑暗好得多。

关于"哲思明理"

哲学是世界观，又是思想方法，正确的哲学就是一种科学的思想方法，它能够帮助我们对事物进行科学的研究，找出它们真实的发展规律，获得正确的认识。有了这种正确的认识，我们的革命行动和建设事业，就不至于走错道路，才能从胜利走向胜利。所以说，一个国家、一个社会的进步，哲学社会科学的积极作用是客观存在的。社会实践，理论先行。现有的理论储备必须适应本国的发展实际，从而解决实际问题。当前我国改革开放正逐渐深入，哲学社会科学的推动，功莫大焉。

一、韩非子告诫"因小失大"

《韩非子·喻老》一书，记载了战国法家韩非子的一句名言：

千丈之堤，以蝼蚁之穴溃；百尺之室，以突隙之烟焚。

这句话的大意是，千丈的长堤，往往由于一个小小的蚂蚁洞而溃塌；百尺的高楼，往往由于烟囱缝隙漏火而焚毁。韩非子的这句话说明了防微杜渐的重要性。如果把这个道理用于思想修养方面，就是预先防止缺点的产生，要把过失消灭在萌芽状态，千万不可认为它还很微小而放松对它的警惕。

二、班超说"不入虎穴,焉得虎子"

南朝范晔《后汉书·班超传》记载了"不入虎穴,焉得虎子"这句名言。意思是说不钻进老虎窝里,怎么能得到小老虎?历史故事是这样:东汉永平十六年(73年),班超奉车都尉窦固之命出击匈奴,窦固看他很能干,后又派他与同事郭恂率吏士36人出使西域,联络西域各国抗击匈奴。班超发现鄯善国国君受匈奴来使的挑拨,而对自己一行人很冷淡,便对随从说了自己的想法,希望能趁夜袭击匈奴使者,从而切断鄯善国与匈奴的关系,这样才有可能争取鄯善国与汉朝友好。他坚毅地说:"不入虎穴,焉得虎子?"他们连夜行动,深入敌营,终于取得成功。班超于永元三年(91年)任西域都护,封定远侯。他先后在西域活动31年,巩固了东汉在西域的统治,使西域人民摆脱了匈奴贵族的奴役。班超不愧为东汉的外交家、军事家。

毛泽东曾在《实践论》一书中引用了班超的这句名言,说明实践的重要性。人们的知识不外包括直接经验和间接经验两部分,就知识的总体而言,无论何种知识都不能离开直接经验。毛泽东接着指出:"中国人有一句老话:'不入虎穴,焉得虎子?'这句话对于人们的实践是真理,对于认识论也是真理。离开实践的认识是不可能的。"

三、王勃"穷且益坚"的逆境观

王勃是唐朝文学家,少年即才华出众,与杨炯、卢照邻、骆宾王齐名,誉称"初唐四杰"。其诗作偏于个人生活及抒发政治感慨。他认为人遭逆境可磨砺意志:"穷且益坚,不坠青云之志。"

王勃的逆境观是正确的,历史上有无数英雄豪杰越是处境艰难,越是奋发不已,终成大业。诚如西汉著名史学家司马迁在《报任安书》里所总结的史实:

> 盖文王拘而演《周易》;仲尼厄而作《春秋》;屈原放逐,乃赋《离骚》;左丘失明,厥有《国语》;孙子膑脚,《兵法》修列;不韦迁蜀,世传《吕览》;韩非囚秦,《说难》《孤愤》;《诗》三百篇,大底圣贤发愤之所为作也。

司马迁说的这些都是历史事实。这些史实说明,人遭逆境,不能气馁,越艰难困苦,越要奋发,矢志不移。

四、张载的哲学思维

北宋哲学家张载,字子厚,嘉祐进士,为云岩(今陕西省宜川县北)县令。张载认为宇宙本源是"气","太虚即气",由于气的聚变形成各种事物、现象。对客观世界,他说要"于无疑处有疑",用现代科学来审视,这一观点是对的,它是一种倡导批判的理念。批判是什么?就是要通过怀疑发现或找出事物的不足之处。

我们中国人有个特点,或者说是缺点,总喜欢把自己说得尽善尽美。严格地说,这是不符合哲学思想的。也不能认为大家都这么说、都这么做就是正确的,常识和真理之间不能画等号,还是要通过怀疑和实践去检验。也就是说,科学总是通过批判前人的认识和想法而前进的。如果你不能批判别人和自我批判,科学怎么前进?创新又怎能实现?只有知不足,才有创新的空间。

针对张载"于无疑处有疑"的观点,联想起胡适先生曾说过"大胆的假设,小心的求证"这一句名言,深感两者有异曲同工之妙。

五、陆游"学"与"行"的辩证关系

南宋爱国诗人陆游于庆元五年(1199 年)十二月在家乡写《冬夜读书示子聿》,这诗一共八首。诗中"子聿",是陆游最小的儿子。其诗的第二首曰:

古人学问无遗力,少壮工夫老始成。

纸上得来终觉浅,绝知此事要躬行。

诗的大意是说,古人求学十分用功,不遗余力,从少壮时就下苦功夫,直到老年才会有所成就。但是,从书本读得的间接知识,终究觉得浅薄,要想深知以求所学知识,必须经过亲身实践才成。

此诗有两层意思。前两句是第一层意思,探求学问必须终生努力,持之以恒,学无止境。后两句是第二层意思,即一切真知灼见都来源于实践,因此求学除从书本上接受前人总结的间接知识之外,还必须勤于参加社会实践。这样做,既可以加深对书本知识的理解,又可发现并纠正书本知识的差错,更可不断扩充自己的新知识。这是科学的认识论。

1963 年 11 月 18 日,毛泽东为《人民日报》修改文稿时,在一篇文章里加写了一句话:

社会实践是检验真理的唯一标准。

真理的标准是什么？如何检验？这个问题早已为马克思明确地指出了。马克思在《关于费尔巴哈的提纲》中指出："人的思维是否具有客观的真理性，这并非一个理论问题，而是一个实践问题。"列宁也反复地强调："理论要由实践来鼓舞，由实践来修正，由实践来检验。"毛泽东也曾多次论述："通过实践而发现真理，又通过实践而证实真理和发展真理。""只有人们的社会实践，才是人们对于外界认识的真理性的标准。""只有千百万人民的革命实践，才是检验真理的尺度。"

关于"民族精神"

一个国家能否立于世界民族之林，重在发扬优良的民族精神，使国民都有民族自尊心和自信心。民族精神的实质就是爱国主义精神，我们中国人就是要胸怀一颗赤诚的中国心。

自古以来，中华民族经常受到外敌的入侵，在无数次抗击外敌的斗争中，涌现出许多可歌可泣的民族英雄。伟大的抗日战争是一次完全胜利的对敌斗争，不屈不挠的民族精神永世长存。原因何在？是中华文化的伟大力量。淞沪抗战时，日寇轰炸上海的首批目标就有藏书丰厚的商务印书馆。他们以为要征服这个民族，首先就是要毁灭这个民族的文化，然而他们可以摧毁商务印书馆的大批文化宝藏，但他们无法摧毁中国人血液里的传统文化。

一、司马迁的"生死观"

司马迁在《报任安书》中曰：

人固有一死，或重于泰山，或轻于鸿毛。

这话的意思就是，人总是要死的，有的死得有价值，比泰山还要重；有的则死得毫无意义，比大雁的羽毛还要轻。司马迁自己因李陵事几乎伏法受诛，但他为了撰写《史记》，不想轻易离开人世，认为人应该死得其所，死得有意义。司马迁作为史学家，对历史传承的贡献很大，他"究天人之际，通古今之变，成一家之言"，此乃了不起的民族精神，惊天地，泣鬼神！

二、文天祥"留取丹心照汗青"

文天祥是历史上最有气节的士大夫。南宋末年元兵入侵，他坚持抗战，尽以家财为军资，组织上万勤王兵勇参战，转战各地。祥兴元年（1278 年），文天祥在五坡岭被元将张弘范俘虏，张弘范命其招降张世杰，他以《过零丁洋》诗与之。这诗的最后两句曰：

人生自古谁无死？留取丹心照汗青。

"丹心"即赤胆忠心，"汗青"指史册（古时的简册，是将青竹烤出水分，颇似出汗，才能在简上写字）。文天祥的这句诗是说留取忠心彪炳史册，这样才能对得起国家和民族。元将张弘范知其

236

宁死不屈,便将他押送到元大都北京。在燕 3 年,元世祖屡劝不降,至元十九年十二月(1283 年 1 月),文天祥于柴市口慷慨就义。这首诗所讲的"零丁洋",是文天祥当年战斗过的广阔海域,如今已经造起宏伟的港珠澳大桥。这座世界上最长的跨海大桥,已成为香港、珠海、澳门三地沟通的便捷通途了。

三、鲁迅"甘为孺子牛"

鲁迅先生有一个座右铭:

　　　　横眉冷对千夫指,俯首甘为孺子牛。

这句铭言是鲁迅的思想写照。很明显,他对敌人就是"横眉冷对",对人民则是"俯首甘为"。他 1930 年起先后参加中国自由运动大同盟、中国左翼作家联盟等进步组织,与瞿秋白等共产党人是知交,他与国民党反动派进行了坚决斗争,他的文章和作品似匕首、刀枪,为粉碎反动派的"文化围剿",为民主革命做出了巨大贡献,他成为中国文化革命的伟人。

关于"民本理念"

所谓"民本理念",是指政治家站在领导的高度,把老百姓视为国家的根本,也就是今天常说的"以人民为中心"。中国最早的历史书《尚书》里有《五子之歌》曰:"民惟邦本,本固邦宁。"意即人民是国家的根本,老百姓安稳了,国家也就安定团结了。这里宣扬的是民本思想理念,与当今"以人为本"的国策是一脉相通的。

"民本"是一种极端重要的执政理念,执政者如果心中没有老百姓,不能以人为本,那是站不住脚的。大而言之,国家机器也难以稳固。

一、管子首倡"以人为本"

春秋时代早期的政治家管子首倡"以人为本"的政治原则,此语最早出自《管子》一书,原文曰:

夫霸王之所始也,以人为本。

管仲尽心辅佐齐桓公40年,政绩卓著,他告诫齐桓公,欲想成就一番霸业,"则必从其本事矣"。齐桓公赶紧弯腰离开座席,拱手向前追问道:"敢问何谓其本?"管仲回答说:"齐国百姓,公之本也。"齐国实行管仲的富民强国政策不过几年,国力便日渐强盛,为齐桓公日后称雄奠定了雄厚的物质基础。

二、孙中山强调人民乃"国家之本"

1912年,孙中山先生就任中华民国临时大总统时,发表了就职演说,他强调"国家之本,在于人民"。这也是孙中山先生创立旧三民主义、新三民主义和五权宪法等全部政治学说的核心思想。其本身是对古今中外民主思想的创造性继承,更是创新性发展。

中国自古就有"天下为公"的大同理想,也有"民贵君轻""民为邦本"的民本思想。法国18世纪启蒙思想家狄德罗也曾说:

"政权……它在本质上只属于人民,仅仅为人民所固有。"可见,孙中山先生的民本和民主思想,是海纳百川的结果,他是很了不起的思想家、政治家、革命家。

三、黄炎培与毛泽东延安对话"历史周期律"

为促成国共两党和平谈判,黄炎培、傅斯年、章伯钧等 6 人应邀于 1945 年 7 月 1 日至 5 日访问了延安。他们同中共领袖毛泽东多次晤谈。虽然只有 5 天时间,但中共领导人的朴实稳重、红色延安的民主祥和让黄炎培不禁感慨:"延安五日中间所看到的,当然是距离我理想相当近的。"回到重庆后,黄炎培很快写出《延安归来》一书,由国讯书店出版,流传甚广。该书第二部分《延安五日记》中有一段与毛泽东的谈话:

有一回,毛泽东问我感想怎样,我答:

我生六十多年,耳闻的不说,所亲眼看到的,真所谓"其兴也浡焉""其亡也忽焉",一人,一家,一团体,一地方,乃至一国,不少单位都没有能跳出这周期律的支配力。

……

一部历史"政怠宦成"的也有,"人亡政息"的也有,"求荣取辱"的也有。总之没有能跳出这周期律。中共诸君从过去到现在,我略略了解,就是希望找出一条新路,来跳出这周期律的支配。

毛泽东答:"我们已经找到新路,我们能跳出这周期律。这条新路,就是民主。只有让人民来监督政府,政府才不敢松懈。只有人民起来负责,才不会人亡政息。"

我想:这话是对的。……把民主来打破这周期律,怕是有效的。

黄炎培与毛泽东的这一"延安对",成就了中共同民主党派交往的佳话。文中说到"其兴也浡焉""其亡也忽焉",即"浡忽兴亡论",意思是蓬勃向上则兴盛,玩忽职守则衰亡。两位先辈对此规律的认识,对我们有重要而深刻的警示意义。时代在前进,历史的车轮不可能倒转,人民民主是最根本的。

五、习近平总把百姓放心上

习近平总书记在一年一度的新年贺词中都有令人关注的金句。如2019年说"我们都是追梦人",2020年说"让我们只争朝夕,不负韶华",2021年说"每个人都了不起",2022年说"人不负青山,青山定不负人",2023年说"让明天的中国更美好",2024年说"人民永远是我们战胜一切困难挑战的最大依靠",等等,字字句句都表达出把老百姓的冷暖放在心上,把干部群众的积极性看在眼中。网友为此感慨地评论说:"语重心长谋百姓,任重道远求富强。"

后　记

汉语与汉字,是中华民族共同的语言文字,是抚育我们的传统文化之树,它盘根错节,枝叶蔓生,苍劲古老。如何使它抽出新芽,绽开新花,结出新果,这是时代赋予我们文化人的历史使命。笔者凭着区区微忱和绵薄之力,在这棵千年古树下,追根探源,寻珍觅宝,写成这部小书。应该说,为增进认知,只能是在树下浇浇水、理理叶,至于施肥疏根,乃至嫁接授粉,尚有待高明。不过事实证明,那里是一个文化宝藏,没有让我们空手而归。

著名短篇小说家汪曾祺,是诺贝尔文学奖获得者莫言先生的老师。据莫言介绍,他第一次听汪先生授课,汪上来就在黑板上写出"卑之无甚高论"6个大字。这不仅仅是汪先生谦虚之词,其实还有深一层的意思:讲实际问题,不发空论。笔者深受这6个字的启迪,便借来作为说话和作文的座右铭。撰写这部书就本着这样一种思路:实事求是。拙作的初衷,是要向读者宣介传统的中华字文化,给外国朋友讲中国故事,达到普及推广中华字文化的目的。既然是写传统文化,势必涉及历史与现代,其中遇到一个棘手的问题就是如何看待历史人物和历史事件。无疑,是要用辩证的方法、唯物的观点看待历史,不回避客观存在,在传承上把握主旋律。"传"应该是全面的,不能割断历史,即使是丑恶的东西也不妨让后代知晓,因为它是反面教材;"承"则是有选择的,就是要弘扬先进文化,特别是要学习那些为国家富强、民族兴旺而上下求索、百折不挠的英雄伟人的精神。

本书的写作角度是"品鉴"。具体而言,就是笔者与读者共同在品评、鉴赏人文故事中增进对字文化的认知。笔者在过去几十年里,写过一些散文和科普作品,为了通俗有趣,曾力求以文学笔墨去写科普。如今写这部书,是在语言文字的天地里操练,谈何容易?鉴于同样的愿望,也想让文字有可读性,力避生涩的定义,于是习惯性地以老手法写了,寻求形象生动,为的是尽可能地让读者多一些趣味。笔者尽管从不同的角度和层面,讲了一些有代表性的历史事件和人文故事,以表达对祖国字文化的认知,但肯定还是不及万一,不过沧海之一粟。但愿读者能由此及彼,顺此深入。正因为有此期盼,面对着神圣的字文化传统,笔者始终存在敬畏之心,几易其稿,唯恐因挂一漏万而难以如愿。书稿即将付梓,如释重负,但又感到些许紧张而忐忑不安。究竟怎么样?读者是客观公正的,笔者听凭他们评判。按西方传说,天鹅在生命终结的时刻,总会发出动听的哀鸣,人们遂将文人的最后作品喻为"天鹅之歌"。巧合的是,本书是笔者在耄耋之年于合肥天鹅湖畔完成的,那也就算作是"天鹅之歌"吧!

本书编写中,曾拜读了有关学者的大作,参阅了许多经典作品与文献,或吸收其观点,或引用其资料,特此敬谢。由于有的线索不明确,未能一一注明,在此一并表示谢忱与歉意。这部书的出版,首先要感谢安徽文艺出版社的领导与编辑同志们,感谢他们的热诚支持与具体帮助,使这部书不致"披头散发"地与读者见面,而是有模有样地出来了,这是出版社大力敦促修饰装扮的功劳。

最后,还不能不感谢我的老伴吴隆珣老师,她在中学从教一生,深刻理解"写点东西留人间"的古训道理,因此出了不少好主意。她更是多揽家务,多方照料,让老夫有可能挤出时间为此书坚持笔耕不辍。

九十有一老人述庆

2024 年 1 月于合肥天鹅湖畔